Gereon Reimann

Wenn Kinder immer machen, was sie wollen

HERDER spektrum

Band 5383

Das Buch

Strafen, wie der Autor es hier versteht, ist keine autoritäre Machtausübung. Oft handelt es sich um Eintretenlassen oder das bewusste Zulassen von unangenehmen Folgen – als Ergebnis des kindlichen Verhaltens. Eltern müssen den äußeren Rahmen schaffen, in dem sich das Kind optimal entfalten kann. Verlässliche Grenzen sind wichtig, damit Kinder sich nicht selber schädigen oder anderen Unrecht oder Schaden zufügen. Ganz ohne Strafen geht es nicht. Es gibt viele Möglichkeiten: Versagen von Vergünstigungen, Unterbinden gefährlicher Aktionen, Reinigen oder Instandsetzen verschmutzter oder beschädigter Dinge, problematisches Verhalten klar und deutlich benennen, Erklärung oder Rechtfertigung einfordern bei Regelverstößen. Viele Eltern versuchen dies zu vermeiden. Doch damit tun sie dem Kind keinen guten Dienst. Verunsicherung und Desorientierung sind die Folgen. Der Autor zeigt auch viele Möglichkeiten auf, wie Eltern auf ihre Kinder positiv einwirken können. Respekt vor der kindlichen Persönlichkeit und ein Klima emotionaler Wärme sind Voraussetzung. Wie – das zeigt Gereon Reimann anhand vieler Beispiele aus dem Familienalltag.

Der Autor

Gereon Reimann, Jahrgang 1941, Studium der Sozialarbeit und Sozialpädagogik, Sozialwissenschaften und Geschichte. Nach langjähriger Tätigkeit als Sozialarbeiter Lehrer und Studiendirektor im sozialpädagogischen Schulwesen in Müllheim an der Ruhr.

Gereon Reimann

Wenn Kinder immer machen, was sie wollen

Ganz ohne Strafen geht es nicht

HERDER

FREIBURG · BASEL · WIEN

Gedruckt auf umweltfreundlichem,
chlorfrei gebleichtem Papier

Originalausgabe

3. Auflage

www.herder.de
Satz: Dtp-Satzservice Peter Huber, Freiburg
Herstellung: fgb · freiburger graphische betriebe 2004
www.fgb.de
Umschlaggestaltung und Konzeption:
R·M·E München/Roland Eschlbeck, Liana Tuchel
ISBN 3-451-05383-7

Inhalt

Einleitung

Die Anzahl der Kinder, die in Familie, Kindergarten und Schule als erziehungsschwierig eingestuft werden und oft „machen was sie wollen“, ohne sich an Vorgaben von Eltern und Erziehern zu orientieren, scheint unaufhaltsam zuzunehmen. In den letzten Jahren wurden besonders viele Kinder als verhaltensauffällig eingestuft. Als unkontrollierbar eingestufte Impulsivität, innere und äußere Unruhe, eine sehr geringe Aufmerksamkeitsspanne, aggressives Verhalten gegenüber nahezu allen Bezugspersonen, erhebliche Schwierigkeiten im Umgang mit Gleichaltrigen, auch mit Freunden und Spielgefährten. Soziale Isolierung ist eine häufig zu beobachtende Folge.

Eltern solcher Kinder sind oft an der Grenze ihrer Fähigkeiten angelangt und wissen nicht mehr, wie sie ihrem Kind menschlich und pädagogisch begegnen können.

Erschreckend sind die Zahlen: In den USA schnellte die Zahl als behandlungsbedürftig eingeschätzter Kinder von 1990 (unter 1 Million) bis zum Jahr 2000 auf über 10 Millionen hoch. In der Bundesrepublik gelten zurzeit bis zu 350 000 Kinder als behandlungsbedürftig. 1990 waren es nur ca. 1500 (Zahlen nach Hüther/Bonney 2002, 12). Zumindest für die Kinder, deren Verhaltensauffälligkeit als AD(H)S („Aufmerksamkeits-Defizit-Syndrom“ mit und ohne Hyperaktivität) diagnostiziert wurde, wird häufig eine organisch bedingte Hirnfunktionsstörung als mit Medikamenten behandlungsbedürftig angenommen. Erst in der neueren Literatur gewinnt langsam die Erkenntnis Raum, dass durch eine medikamentöse Behandlung letztlich keine langfristige Besserung der Verhaltensauffälligkeit erreichbar sei, denn eine „Hirnfunktionsstörung“ wird eher als *Folge* und nicht als *Ursache* gesehen. Bei vielen dieser Kinder fehle es in der frühen Kindheit an elementaren emotionalen und sozialen Steuerungsimpulsen, die es ihnen ermöglicht hätten, ihr Leben schon früh zu einer angemessenen und in diesem Sinne vollen positiven Entfaltung bringen zu können. Aber selbst wenn organische Einflüsse als *Ursache* nicht ausgeschlossen werden, sind sich die meisten Fachleute darin einig, dass durch erzieherische oder später gar therapeutische Einflüsse und hier speziell durch die Notwendigkeit, Kindern auch deutliche Grenzen zu setzen, das Verhalten der Kinder spürbar zu verbessern sei.

Literatur, die dazu auffordert, Kindern Grenzen zu setzen, ist nahezu unüberschaubar geworden. Kaum ein Elternratgeber verzichtet auf diesen Rat. Auf unterschiedlichste Rezepte, dieses Ziel zu erreichen, mehr oder weniger praktikabel, wird zugegriffen. Nahezu allen aber ist eines gemeinsam: die offene oder stillschweigende Ablehnung von „Strafe" als Steuerungsmittel des Kinderverhaltens in der Erziehung.

Dieses ist kein Buch, in dem einer neuen „Straf-Pädagogik" das Wort geredet wird. Dieses Buch hat allerdings die Strafe als Erziehungsmittel zum Gegenstand.

Schaut man sich in der erziehungswissenschaftlichen Literatur zum Thema Strafe um, ist Erstaunliches zu erfahren. Überall dort, wo tatsächlich erzogen wird, wird auch gestraft. Beobachtet man die Erziehungspraxis, wird diese Feststellung durchaus bestätigt. Aus der erziehungswissenschaftlichen Literatur selbst aber ist das Thema „Strafe" seit 25 Jahren nahezu verschwunden. Nicht etwa deshalb, weil es genügend gesicherte Befunde gäbe, die neuere Veröffentlichungen gegenstandlos werden ließen, auch nicht deshalb, weil es genügend hilfreiche Hinweise gäbe, wie Eltern mit der Strafe in ihren Erziehungsbemühungen umgehen könnten. Bei vielen Eltern und in der Erziehungswissenschaft hat sich weitgehend die Erkenntnis durchgesetzt, dass Strafe nicht sein soll, da sie allen Erziehungszielen, die gewaltfreies Handeln in zwischenmenschlichen Beziehungen anstreben, entgegengesetzt zu sein scheint. Für viele ist Strafe auch gleichzusetzen mit Gewalt und Misshandlung. Strafe steht in der erziehungswissenschaftlichen Theorie danach also dem, was man pädagogisch erreichen will, direkt im Wege.

Dieser Widerspruch, führte zu einer Tabuisierung des Themas Strafe in weiten Bereichen erziehungswissenschaftlicher Forschung und Literatur[1]. Daher wird eine „Enttabuisierung" des Themas Strafe gefordert, obwohl es noch, so Bastian (Bastian 1995, 25), keine Sprache gebe, in der die Probleme des Alltags der Erziehung mit ihrer Strafpraxis unbelastet angesprochen werden könne. Dieses Buch macht dazu einen Versuch.

Strafe, so ist zu erfahren, wecke negative Gefühle wie Schuld, Versagen, Vorwürfe, Ängste, Aggression. Für viele Pädagogen gehört das Wort Strafe daher nicht mehr zum eigenen Wortschatz, und Lehrer wollen am liebsten keine Aussagen zur Strafe machen (Miller, in Bastian 1995, 42). In anderen Veröffentlichungen wird es ersetzt durch andere Zusammenhänge, die das, was mit dem Wort „Strafe" ausgedrückt wird, oft nur umschreiben: „Hilfe", „Disziplin" (*Dreikurs*/Cassel 1984; 102), „Regelverstöße und ihre Folgen", „Grenzen setzen", „Logische Konsequenzen" und viele andere. Strafen sind geächtet, ja sie sind, so ist zu lesen, auf *jeden Fall* ungeeignet für die Erziehung (Walter 1997, 56).

Der Wunsch zu strafen entspringe oft eher dem eigenen Strafimpuls der Eltern (Lehrer, Erzieher) und dem eigenen Zorn, der eigenen Wut auf das Verhalten des Kindes als einer angemessenen pädagogischen Notwendigkeit. So sei das Strafen oft unzulässige Gewaltanwendung gegenüber dem Kind. Nicht das sozial gewünschte Verhalten sei das Ergebnis, sondern viele sozial nicht erwünschte Verhaltensweisen seien am Ende festzustellen. Das Kind reagiere mit Lügen, Stehlen, Aggression und wiederum mit vermehrter Gewalt. Gewalt produziere Gegengewalt. Das Kind aber werde darüber hinaus dadurch auch noch in seinen elementaren Rechten auf gewaltfreie Erziehung verletzt.

Diese Sichtweisen von Strafe sind nicht nur Sichtweisen derjenigen, die sich beruflich mit Strafe beschäftigen. Breite soziale und politische Strömungen haben in den Jahrzehnten seit 1960/70 diese Auffassungen in weite Bevölkerungskreise getragen. Die öffentliche Diskussion über die so genannte „antiautoritäre" Erziehung und die „schwarze Pädagogik" hat ein Übriges dazu beigetragen, Strafe zu ächten. Kaum ein Pädagoge bekennt sich offen und ehrlich dazu, in der Erziehungspraxis Strafe anzuwenden. Zumal dieser Begriff nur noch als „Mythos" existiert und keine klare Vorstellung zulässt, was denn nun wirklich geschieht, wenn ein Erziehender straft. Daher wundert es nicht, wenn auch Eltern nicht frei sind, sich in Ruhe und ohne Kritik befürchten zu müssen, zur Anwendung von Strafe zu bekennen. Das gilt zumal für sensible Eltern, die selbst sehr genau wissen, welch fürchterliche Dinge mit der Anwendung von „Strafe" tatsächlich verbunden sein können.

Was sollen Eltern also in einem solchen Dilemma tun? Angemessene Möglichkeiten, Kindern notwendige Grenzen aufzuzeigen, scheinen zu fehlen. Der einen oder anderen Seite mit ihren Beispielen aus der Praxis Glauben zu schenken, wirkt sich beim eigenen Kind oft ganz fatal aus. Die Wissenschaft hat wenige Hilfen anzubieten. Trotzdem müssen Eltern in der alltäglichen Praxis handlungsfähig bleiben. So greifen sie auf Verhaltensweisen zurück, die von eigener Erfahrung geprägt sind. Sie strafen, haben hinterher ein schlechtes Gewissen, haben für das, was dann geschehen ist, keine Erklärung und „verdrängen" die Zusammenhänge. Um den inneren Druck loszuwerden, rechtfertigen sie vor sich ihre eigene Handlung oder gehen zu ihrem gestraften Kind, gefühlsmäßig durchgerüttelt und entschuldigen sich für ihr Verhalten. Subtilere Verhaltensweisen, die nicht dem traditionellen Modell einer Strafe entsprechen, aber trotzdem die Wirkung einer Strafe haben, werden nicht als eine solche erkannt.

So angewandt, kann Strafe allerdings nur von negativen Folgen für das Kind und die strafende Person begleitet sein.

An dieser Stelle möchte die vorliegende Veröffentlichung den Eltern helfen, einen Weg aus dem Dilemma zu finden.

Sie will ihnen Hilfen bieten, sich einen Überblick zu verschaffen, was alles „Strafe“ ist oder sein kann, wann und wie Strafe als pädagogisch angemessen betrachtet werden kann, wann die Grenzen zu entwürdigenden Erziehungsmaßnahmen oder gar zu Misshandlung überschritten werden und welche Folgen Strafen im Einzelfall nach sich ziehen können.

Sie will Wege aufzeigen, Strafen zu vermeiden, die Bedingungen erläutern, die, wenn gestraft wird oder gestraft werden muss, zu beachten sind und Alternativen aufzeigen. Es sind nicht nur die Verhaltensweisen des Kindes, die gemeinhin zu einer Strafe reizen oder gar führen, Gegenstand der Überlegungen. Auch das Verhalten der Eltern selbst wird im Mittelpunkt der Erörterung stehen. Denn oft ergibt sich erst aus der Kommunikation aller Betroffenen das, was als Verhalten verhindert oder korrigiert werden soll.

Das Buch setzt sich mit Strafe und Bestrafung als *erzieherische Maßnahme* auseinander. Es wendet sich an Eltern und an alle, die sich mit der Erziehung zwischen Eltern und Kindern und in einer familienähnlichen Situation auseinander setzen möchten. Davon sind zu unterscheiden z. B. der Kindergarten, die Schule, der Betrieb, die Polizei, das Militär sowie das öffentliche Rechtssystem. In diesen Einrichtungen und Institutionen wird Strafe ebenfalls als Mittel angewendet, um ein pädagogisches oder ein ordnungspolitisches Ziel zu erreichen. Und doch ist Strafe in der Familie und in familienähnlichen Situationen etwas anderes als Strafe in den genannten Einrichtungen. Das bedeutet zugleich, dass die Erkenntnisse, mit denen sich dieses Buch auseinander setzt, oft keine oder nur sehr begrenzte Gültigkeit außerhalb der Familiensituation beanspruchen. Selbst in familienähnlichen Institutionen wie in Kinderheimen und Familienwohngruppen ist sehr genau zu prüfen, ob die Erkenntnisse dort Gültigkeit haben.

Die Frage, ob Strafe überhaupt eine angemessene Handlungsweise darstellt, wird oft unabhängig von der Institution, in der sie zur Anwendung kommt, diskutiert. Die *Wirkung* von Strafe ist aber abhängig von der jeweiligen Situation und den jeweiligen Bedingungen, unter denen sie stattfindet und kann daher auch nicht ohne Bezug auf die pädagogische Situation diskutiert werden.

Es ist ein wichtiges Anliegen des Buches, Eltern zu unterstützen, selbst zu entscheiden, welche Reaktion auf ein Verhalten des Kindes als angemessen zu betrachten ist. Wenn Eltern sich aber in der konkreten Situation entscheiden sollten, das Verhalten ihres Kindes unter Einsatz von Strafe zu steuern oder zu korrigieren, dann sollten sie ohne schlechtes Gewissen zu ihrer Entscheidung stehen und ihr Verhalten sich selbst und dem Kinde gegenüber rechtfertigen können. Denn ganz ohne Strafe geht es nicht.

1. Kapitel

Jacob

Die Mutter des 5-jährigen Jacob wird zu einer Besprechung in den Kindergarten gebeten, weil ihr Sohn häufig durch unsoziales Verhalten auffällt.

Die Erzieherinnen berichten folgenden Sachverhalt der Mutter: Wenn der fünfjährige Jacob in die Kindergartengruppe kommt, gehen alle Erzieherinnen innerlich in eine Abwehrposition. Jacob schafft es, binnen sehr kurzer Zeit die Gruppe durcheinander und viele Kinder gegen sich aufzubringen. Sein erstes Ziel ist die Ecke, in der die Kinder bauen dürfen und, wenn sie ein besonders schönes Bauwerk erstellt haben, dieses auch stehen lassen können bis zum nächsten Tag. Kommt Jacob in diese Ecke, finden die später kommenden Kinder ihre Bauwerke nur noch in einem völlig anderen Zustand wieder. Es sei denn, Erzieherinnen oder andere Kinder schützen die Bauwerke vor dem schnellen Zugriff von Jacob. Das ist nicht immer ganz einfach. Auch Gegenstände auf den Tischen und niedrigeren Schränken sind nicht sicher, wenn Jacob an ihnen vorbeigeht. Alle Dinge, die seine Neugier erregen, versucht er, in die Hand zu nehmen. Dabei stellt er sich sehr ungeschickt an. Es geht ihm alles nicht schnell genug. So wirft er viele Sachen um, und diese landen dann oft auf dem Fußboden. Die Mutter berichtete den Erzieherinnen, dass das zu Hause genauso geht. Sie hätten sich aber damit abgefunden, dass viele Sachen zu Bruch gingen.

Es kommt auch vor, dass er plötzlich losschreit, in eine Ecke rennt und ein Mädchen oder einen Jungen einfach von seinem Spielplatz wegzerrt. Meistens sind diese dann so überrascht, dass sie sich nicht wehren. Erst in der sich anschließenden Auseinandersetzung zwischen ihnen und Jacob wird nach einer Erzieherin gerufen, die sich genötigt fühlt, den Streit zu schlichten. Jacob steht anschließend wieder vor der ganzen Gruppe als der Spielverderber da.

Jacob beißt. Er beißt, wenn er sich freut, wenn er traurig oder wenn er wütend ist. Aber Jacob beißt auch ohne jeden ersichtlichen Grund. Manchmal wissen die Erzieherinnen sich nicht mehr zu helfen, dann kleben sie Jacob nach einer Beißattacke ein Pflaster auf den Mund, um andere Kinder zu schützen. Als Jacob einmal draußen auf dem Hof ein Pflaster auf dem Mund hatte, holte er sich einen Ast und schlug damit spielende Kinder. Daraufhin sperrten die Erzieherinnen ihn allein in einen Raum ein.

Jacob kann andere Kinder einfach nicht allein spielen lassen. Seine liebste Spielgefährtin ist Jutta. Jutta ist 4 ½ Jahre alt. Aber selbst diese Freundin ist vor seinen Beißattacken nicht sicher. Die anderen Kinder dürfen nicht mit Jutta spielen, noch nicht einmal in ihre Nähe kommen. Andernfalls schlägt er sich mit ihnen.

Er möchte alles haben, was ihm wünschenswert erscheint. Ein solches Beispiel war jüngst, so berichten die Erzieherinnen der Mutter, auf dem Hof zu beobachten: Die Kinder fahren mit Fahrrädern und Rollern auf dem Hof der Einrichtung. Jacob nahm einfach einem kleineren Mädchen den Roller weg. Als eine Erzieherin einschritt, gab er den Roller zwar wieder her, stürzte sich aber sofort auf ein anderes Kind und wollte von diesem das Fahrzeug haben.

Beim Frühstück isst Jacob sehr langsam, trödelt herum und fängt zu albern an. Er ärgert die Nachbarkinder, zieht ihnen an den Haaren, tritt und kneift sie. Wenn aber alle Kinder nach draußen gehen und „seine" Jutta nicht auf ihn wartet, hat er sein Brot in zwei Minuten aufgegessen. Es kam jedoch auch schon vor, dass er in einem solchen Fall das Brot einfach in den Gruppenraum warf und Jutta nachlief. Als die Erzieher ihn dann zurückholten, trat, kniff und biss er sie, weil er es dann nicht abwarten konnte, nach draußen zu kommen.

Jutta kann sich beim Spiel mit Jacob nicht entfalten. Er ist beim Spielen sehr bestimmend und lässt keine andere Meinung gelten. So zieht und zerrt er Jutta am Arm, wenn sie nicht macht, was er möchte. Jutta schreit ihn an und sagt, sie möchte, als Bei-

spiel, mit der Schere arbeiten, aber Jacob will, dass sie mit ihm in der Bauecke mit den Autos spielt. Er zieht und zerrt Jutta so lange, bis sie nachgibt und das tut, was Jacob möchte.

Wenn er wegen seines Fehlverhaltens zur Rede gestellt wird, sieht er sein Unrecht nicht ein, sondern ist zutiefst beleidigt. Andererseits kann er sehr gefühlvoll auf Kinder eingehen, die sich verletzt oder anderweitig wehgetan haben.

An Jacobs Verhalten in der Gruppe fällt außerdem auf, dass er bei Spielen und Wettbewerben nicht verlieren kann und keinen Widerspruch duldet.

Er ist außerdem sehr sprunghaft, kann sich nicht lange konzentrieren, wechselt sehr schnell die Spiele und die Spielpartner. In letzter Zeit hat er Schwierigkeiten, andere Spielpartner als Jutta zu finden. Selbst Jutta lehnt häufiger ab. Das lässt Jacob noch fahriger und weniger konzentriert, dafür aber aggressiver erscheinen.

Sein letzter Geburtstag aber spiegelte sich den ganzen Vormittag positiv in seinem Verhalten wieder. Sonst eher aggressiv und unselbstständig, fahrig, ohne Konzentrationsvermögen, versuchte er an diesem Tag, mit allen Kindern gut auszukommen. Kinder, die Geburtstag haben, nehmen an ihrem Geburtstag in der Gruppe immer eine Sonderstellung ein. Das schien ihm gut zu gefallen.

Am Nachmittag des Geburtstages spielten die Kinder Memory. Jacob durfte sich jetzt die Spielpartner aussuchen. Alle Kinder, auch Jacob, gingen mit Freude ans Spiel.

Üblicherweise spielt er sonst nur so lange ruhig, bis er bemerkt, dass andere Kinder mehr Karten gewinnen als er selbst oder ein Kind eine doppelte Karte aufdeckt, von der auch Jacob offensichtlich weiß, wo sie liegt. Dann wird er regelrecht ausfallend, schreit, weint, stampft mit den Füßen und wirft seine Karten gewöhnlich durch den Raum. An seinem Geburtstag ging alles gut.

Jacob weigert sich regelmäßig, aufzuräumen. Er argumentiert dann, wenn seine Oma käme, würde die seine Sachen schon wegräumen. Das ist in der Tat bereits mehrfach so geschehen, wenn die Erzieherinnen Jacob bis zur Abholzeit vor seinen Spielsachen sitzen ließen, weil er trotz mehrfacher Aufforderung nicht bereit war, aufzuräumen. Kam seine Oma, beschwerte er sich über das Verhalten der Erzieherinnen. Die Oma forderte ihn dann auf, schnell aufzuräumen. Sah man genauer hin, saß Jacob aber meist eher passiv in einer Ecke, während die Oma, unterstützt von einer Helferin, die Sachen wegräumte.

Seine Mutter gibt an, dass ihr Jacobs Verhalten gar nicht gefalle. Da sie aber zusammen mit ihrem Mann berufstätig sei und das Kind sich tagsüber weitgehend in der Obhut der Großmutter befinde, fühle sie sich kaum in der Lage, dagegen anzugehen.

Beide Eltern unternehmen auch in ihrer Freizeit wenig gemeinsam mit ihrem Sohn, da sie ein Geschäft mit ausgedehnten Geschäftszeiten besitzen. Alle materiellen Wünsche bekommt der Junge aber in der Regel sofort erfüllt.

Sie berichtet auch, dass früher besonders ihr Mann mit Strafen durchzugreifen versucht habe, sogar mit Schlägen. Das wolle sie jedoch nicht. Ihr Kind habe es schon schwer genug. Sie habe gelesen, dass es Fälle gebe, die krankhaft seien. Auch ihr Mann habe gesagt: „Das steckt eben drin. Da kann man nichts machen und nur dafür sorgen, dass es nicht so heftig rauskommt, dass sich das Kind endlich mehr zusammenreißt." Sie selbst glaube, mit Strafe mache man nur noch mehr „kaputt". So habe sich ihr Mann aus der Erziehung nahezu ganz zurückgezogen und ihr selbst falle neben der Last im Geschäftsbetrieb auch noch die ganze Erziehungsarbeit zu. Manchmal sei sie am Ende ihrer Kraft. Deshalb könne sie auf die Hilfe der Großmutter nicht verzichten. In den ersten Jahren sei sie ja zu Hause bei Jacob geblieben. Sie überlege auch jetzt, ob sie Jacobs wegen nicht wieder die Tätigkeit im Geschäft aufgeben müsse. Ihr Mann sage immer, andere Kinder würden ebenfalls durch die Großeltern betreut, ohne dass es Probleme gebe. Jacob müsse endlich lernen, seinen eigenen Willen zurückzustellen und sich anzupassen. Kein Mensch könne immer nur das tun, was er möchte. Endlich müsse Jacob das begreifen. Er sei schließlich bald sechs Jahre alt und käme in die Schule.

Jacob sei von Anfang an ein schwieriges Kind gewesen. Er habe wenig geschlafen und viel geschrieen. Schon die Krankenschwester habe am zweiten Tag nach der Geburt gesagt: „Mit dem werden Sie noch viel Schwierigkeiten kriegen." Es habe etliche Auseinandersetzungen mit ihrem Ehemann gegeben. Anfangs sei auch er nachts aufgestanden und habe nach Jacob gesehen. Dann jedoch habe er verlangt, Jacob schreien zu lassen, damit das Kind lerne, nachts endlich durchzuschlafen. Sie selbst, die Eltern, brauchten ja auch ihren Schlaf, da sie ihre Kraft auch für das Geschäft nötig hätten. So allmählich müsse Jacob das doch wohl einsehen. In dieser Phase habe Jacob noch mehr geschrieen und noch weniger geschlafen. Erst seit sie sich allein nachts um Jacob kümmere und den Jungen, wenn er sich gar nicht beruhigen wolle, auch zu sich ins Bett hole, schliefe er nach kurzer Zeit wieder ein. Ihr Mann habe sich später in einem anderen Zimmer einen Schlafplatz geschaffen. Nun sei sie mit Jacob ganz auf sich allein gestellt. Es könne passieren, dass Jacob nachts bis zu fünfmal wach werde und sie keine Nacht ruhig durchschlafe. Es helfe auch nichts, wenn sie liegen bleibe und nicht zu ihm ins Zimmer gehe. Jacob würde sich dann überhaupt nicht mehr beruhigen. Sein Geschrei höre man bis auf die Straße. Einmal habe sie richtig Angst gehabt, dass er sich „weg" schreie. Diese Angst wolle sie nie wieder erleben.

Nicht nur, dass Jacob sie nachts oft wecke. Am Wochenende, wenn Jacob einmal nicht die halbe Nacht im Bett der Eltern verbracht habe und sie etwas länger schlafen könnten – am Wochenende hätten sie eine Hilfe im Geschäft, die sehr früh da sei und erst spät gehe und sonntags sei das Geschäft ohnehin zu – höre sie Jacob schon gegen 5.30 Uhr „Mama" rufen. Sie versuche dann, sich schlafend zu stellen. Jedoch werde das Rufen immer lauter und stärker. Dann sei der Schlaf vollends vorbei. Meist gehe sie dann in Jacobs Zimmer und lese ihm etwas vor. Wenn das auch nicht klappe, und das sei häufig so, hole sie ihn in ihr Bett und lese ihm dann vor. So halte Jacob es wenigstens noch 15 Minuten lang aus. Müde und erschöpft stehe sie dann auf und mache sich einen

Kaffee. Jacob wolle dann mit ihr frühstücken. Obwohl man das nicht frühstücken nennen könne. Erst wolle er ein Brötchen. Das gebe es sonntags so früh noch nicht. Obwohl er das wisse, stelle er sich furchtbar an. Sie mache ihm dann meist eine Tasse Tee oder ein Glas Saft. Auch der Tee sei ihm oft zu heiß oder zu kalt, es sei zu wenig in der Tasse oder zu viel. Wäre dann seine eigene Tasse noch nicht gespült, weil er sie spät abends noch einmal benutzt habe, wolle er sie selbst reinigen. Gelinge das nicht so, wie er sich das vorgestellt habe, gehe das Geschrei schon wieder los. Oft tobe er dann so heftig, dass das halbe Frühstück auf dem Fußboden oder der Bank lande, auf der Jacob sitze, meistens kniee. Wenn er sich dann an der Tasse auch noch die Zunge verbrenne, weil er nicht warten könne, bis sie etwas abgekühlt sei, seien ihre Nerven zum Zerreißen gespannt. „Können Sie sich vorstellen", sagte sie, „was geschieht, wenn zudem mein Mann, halbwegs gut ausgeruht, in der Küche erscheint und auch er noch ‚Ruhe' brüllt?" Nicht einmal am Wochenende könne man in diesem Hause in Ruhe schlafen, sei zumeist seine Standard-Floskel.

In einer solchen Situation bekomme Jacob es meistens ab. Außer sich vor Zorn schreie sie ihren Mann an, er solle sich gefälligst da raushalten. Und Jacob schnappe sie sich und bringe ihn in sein Zimmer. „Dann sage ich ihm, dass er vor Ablauf einer halben Stunde nicht aus seinem Zimmer kommen darf, damit ich wenigstens mit meinem Mann kurz frühstücken kann. Sonst ist das ganze Wochenende hin."

Jacob höre sie aber spätestens nach zehn Minuten rufen, er wolle wieder in die Küche kommen und mit ihnen frühstücken. Wenn ich ihn hinhalte, wird es immer schlimmer. „Einmal habe ich es dann nicht mehr ausgehalten und bin in Jacobs Zimmer gestürmt und habe ihn fürchterlich angebrüllt." Endlich, endlich solle er sie einmal in Ruhe lassen. Danach habe Jacob sie nur wütend angesehen und einige Spielsachen durch das Zimmer geworfen. Dann sei Jacob in heftiges Weinen ausgebrochen. „Das brach mir fast das Herz. Ich bin weinend zu ihm gegangen, habe ihn in den Arm genommen und so eine Weile mit ihm fest umschlungen auf seinem Bett gesessen." Da habe sich Jacob langsam wieder beruhigt. „Ich habe mich bei ihm entschuldigt und ihm gesagt, dass ich das ja auch alles nicht wolle. Dann sind wir beide in die Küche gegangen. Mein Mann war inzwischen mit dem Frühstück fertig und las die Zeitung."

„Es gibt kaum etwas, das Jacob widerspruchslos tut. Hundertmal kann ich ihm etwas sagen, und er macht es immer noch nicht. Das Waschen ist eine Qual. Soll er sich die Zähne putzen, geht das nur mit Geschrei, Aggressivität, Abwehren, Verweigern, Trödeln, sich Übergeben, Spucken, den Mund nicht öffnen wollen. Zumeist muss ich ihn festhalten und ihm gegen seinen Willen die Zähne putzen. Sein Essen will er nie aufessen, meist werfen wir die Hälfte weg. Wenn der Teller weniger gefüllt wird, ist es genau das gleiche Bild. Nachtisch will er immer. Gibt es ihn nicht, haben wir wieder Streit. Lohnt es sich, dass es wegen eines so dummen Desserts ständig zu Streit zwischen Jacob und mir kommt? Wir haben weiß Gott genug Auseinandersetzungen. Ich habe nicht mehr die Kraft dazu. Dann serviere ich ihm eben das Dessert. Es ist außerdem fast das Einzige, was er regelmäßig und ohne Murren zu sich nimmt.

Unsere Verwandten kommen nur ungern zu uns, einmal begrüßt er sie, ein anderes Mal will Jacob sie nicht kennen. Ständig gibt es Diskussionen und Ratschläge, wie wir mit Jacob umgehen sollen. Das kostet ebenfalls Nerven. Oft will er nicht in den Kindergarten gehen. ‚Die sind alle doof' hören wir dann. Besonders hat er es auf die Erzieherin in seiner Gruppe abgesehen. Er mag sie nicht. Immer sagt er: ‚Die mag mich nicht leiden', ‚Die sperrt mich ein', ‚Die Kinder wollen nicht mit mir spielen' oder: ‚Heute ist Jutta nicht da, dann bleib ich auch zu Hause bei Oma'. Das Anziehen ist immer ein Kampf. Alles, was ich ihm vorlege, lehnt er ab. Soll er sich die Sachen selbst aussuchen, dauert es Stunden, weil er alles anzieht, dann wieder auszieht. Alles bleibt liegen, wo er es ablegt. Das Wegräumen der Sachen braucht dann auch noch einmal sehr viel Zeit. Um 9 Uhr muss ich im Geschäft sein. Jacob mit ins Geschäft zu nehmen, ist unmöglich. Es kann geschehen, dass er sogar die Kunden beschimpft, wenn ihm etwas nicht passt.

Er untersucht die Taschen der Kunden, nimmt die Schirme aus dem Ständer und lässt sie irgendwo, auch außerhalb des Geschäftes, liegen. Als Jacob noch viel kleiner war, war das nicht so tragisch. Bei einem kleinen Kind wirkt so etwas eher lustig, da lässt man das auch eher durchgehen. Auch die Kunden sind dann toleranter. Aber in Jacobs Alter geht das nicht mehr. Immer fragen wir uns, was wir falsch gemacht haben und was wir tun können. Eine Lösung haben wir nicht gefunden. Bevor er jetzt in die Schule kommt, werden wir vermutlich zu einer Therapeutin gehen müssen. Eine andere Chance haben wir wohl kaum.“

2. Kapitel

Strafe hat immer eine Geschichte – Vorbeugen ist besser als heilen

Die nachfolgenden Ausführungen sollen auf solche Situationen aufmerksam machen, die früh die Erziehung in eine falsche Richtung lenken. Eltern erkennen aber oft erst nachträglich die schwierige Lage und fühlen sich dann gezwungen, das Verhalten ihres Kindes zu korrigieren. Das geschieht dann allzu oft mit dem Versuch der Strafe, weil andere Mittel zu versagen scheinen.

Erziehung geschieht nicht im leeren Raum

Zu den schwierigsten von Eltern zu bewältigenden Aufgaben gehört wohl die Erziehung. Die vielen, heute zu beklagenden Erziehungsprobleme sind nicht allein auf Unwillen oder gar Unfähigkeit der Erziehenden zurückzuführen. Zu unwägbar sind oft die Umstände, unter denen die Eltern ihre Erziehungsaufgabe wahrnehmen müssen. Nicht immer werden Erziehungsfehler früh genug entdeckt. Eine Korrektur ist immer sehr schwierig und oft nicht erfolgreich. Allein die Frage, ob und wann Eltern „richtig“ oder „falsch“ handeln, ist schwer zu beantworten.

Erziehung in der Familie ist ein jahrelanger Prozess, bei dem sich die Umstände immer wieder verändern. Fixpunkte, von denen aus gesagt werden könnte, das ist jetzt so und das ändert sich nicht mehr, gibt es nicht. „Erfolg“ ist oft nicht zu erkennen. Immer wieder neu müssen sich die Eltern den Anforderungen stellen, die die Erziehung erfordert. Das kann müde und hoffnungslos machen.

Es wundert nicht, dass Eltern in dieser Situation auch „Fehler“ in der Erziehung begehen: Verhaltensweisen, die sie zu korrigieren versuchen, wenn sie sich als Fehler herausstellen. Das Mittel zu dieser Korrektur ist oft die Strafe.

Deutlich ist das am oben geschilderten Beispiel des Kindes Jacob zu erkennen. Offensichtlich ist bei der Erziehung von Jacob vieles grundlegend „falsch“ gelaufen. Selbst wenn sich die Erziehenden in Einzelheiten über das, was Jacob gelernt haben sollte, nicht einig sind, betrachten sie das Verhalten, das als Konsequenz des erzieherischen Lernprozesses insgesamt sichtbar wird, übereinstimmend als nicht sinnvoll für das Kind. Wann die Eltern festgestellt haben, dass „Fehler“ geschehen sind, ist aus der Fallschilderung nicht zu erkennen. Spätestens, wenn die Einschulung des Kindes bevorsteht, wird die Not als so groß erlebt, dass die Eltern sich bereit erklären, fremde professionelle Hilfe in Anspruch zu nehmen.

Und doch gibt es Hinweise in der Erziehungsgeschichte von Jacob, die aufmerksam machen. Situationen, in denen die Eltern sehr früh hätten eingreifen können, vielleicht sogar müssen, um eine Entwicklung, bei der später mit Sicherheit eine Korrektur zu erwarten war, gar nicht erst aufkommen zu lassen. So z. B. untersuchte der kleine Jacob Taschen der Kunden im Geschäft und machte sich an deren Eigentum zu schaffen. Es wurde ihm dabei nicht vermittelt, dass es hier eine Grenze gab, die er nicht hätte überschreiten dürfen. Bei ihm als kleinem Kind jedoch wirkte sein Verhalten eher lustig. Frühzeitig zu erkennen, wann die Erziehung eine bestimmte Richtung einschlagen muss oder eine Richtung nicht einschlagen darf, ist eine Kunst, die Eltern sich erarbeiten müssen. Die Entwicklung zurückzudrehen, ist sehr viel schwieriger. Das zeigt auch das Beispiel Jacob.

Strafe von vornherein erst gar nicht notwendig werden zu lassen, ist sinnvoller, als mit Hilfe von Strafe oder anderen Maßnahmen ein Verhalten zu verändern. Das Beispiel des Kindes Jacob zeigt aber auch, wie schwer es ist, Situationen vorausschauend einzuschätzen. Auch das ist ein Grund, weshalb das Verhindern von Situationen, in denen Strafe notwendig werden könnte, in der Erziehungspraxis wohl nicht immer gelingen und die Strafe nach wie vor ein wichtiges Erziehungsmittel bleiben wird.

Am Anfang steht die Erziehung

Wer Umgang mit Kindern hat, kann nicht nicht erziehen

Menschen gehen mit Kindern um, ohne sich für die Erziehung der Kinder zuständig zu fühlen. Im Verwandtenkreis sind es manchmal Onkel, Tante, Vetter, Cousine, dazu die Nachbarn und andere mehr. Viele von ihnen trennen den Umgang mit Kindern von der eigentlichen Erziehung. Sie haben Kontakt zu Kindern, gehen mit ihnen mehr oder weniger regelmäßig um, aber sie würden nicht sagen, dass sie die Kinder erziehen. Das wollen sie nicht, weder absichtlich noch unabsichtlich. Räumt die Großmutter Jacobs Sachen beiseite, denkt sie weniger an seine Erziehung als daran, dass ihr diese Situation sehr unangenehm ist und die Sachen weggeräumt werden müssen. Aber Jacob lernte aus diesem Verhalten. Er machte ebenso Lernerfahrungen, als ihm niemand verwehrte, die Taschen der Kunden ohne Erlaubnis zu durchsuchen. Alles, was Eltern, Großeltern, Verwandte und Freunde im Hinblick auf die Kinder oder mit ihnen tun oder unterlassen, schlägt sich durch Lernerfahrungen, die Kinder in solchen Situationen machen, auf der Seite der Erziehung nieder, selbst wenn die beteiligten Erwachsenen diese nicht beabsichtigt haben oder sie den Erziehungszielen der Eltern gar entgegengesetzt sind.

Im Umgang mit Kindern ist es nicht möglich, sich selbst oder die Kinder aus dem Erziehungsprozess auszuschalten. Nicht selten entstehen daraus Erziehungskonflikte, auf die die Eltern reagieren müssen.

Erziehung kann bewusst oder unbewusst geschehen

Unter „Erziehung“ wird oft die *bewusste* und *gewollte* Beeinflussung von Kindern und Jugendlichen durch ihre Eltern oder andere Erziehungsberechtigte verstanden. Vielleicht mit dem Ziel des selbstständigen, „mündigen“ Menschen, der in der Lage ist, sein Leben selbst zu bestimmen und auch die Folgen seines Denkens, Handelns und Urteilens zu verantworten weiß. Vielleicht auch einfach, um „erprobte und bewährte Weisen der Lebensbewältigung und auch Lebensdeutung“ (Netzer 1972, 11) an die Kinder weiterzugeben.

Im Gegensatz zu der oben angeführten engeren Auffassung von Erziehung soll hier der Begriff in erweiterter Form gebraucht werden, nämlich im Sinne der *bewussten* und *unbewussten* Beeinflussung von Kindern, wenn man denn nur dazu beiträgt, Kindern in irgendeiner Form zu helfen, selbstständige Menschen im oben genannten Sinne zu werden. In der Erziehung laufen viele prägende Einflüsse geradezu unbewusst ab. Und insbesondere diese unbewussten Einflüsse sind es, die Kinder sehr nachhaltig prägen und „erziehen“.

Das Verhalten seiner Großmutter im Kindergarten und der Kunden im Geschäft haben Wirkung auf das Verhalten von Jacob. Beide nehmen, unbewusst, Einfluss auf die Erziehung. Es ist für die Wirkung auf das Verhalten eines Kindes unwesentlich, ob Personen bewusst oder unbewusst Einfluss nehmen, ebenso, ob sie es wünschen oder nicht. Selbst Situationen und Zustände, so z. B. eine zu enge Wohnung, haben in diesem Sinne Einfluss auf Kinder. Eher unbewusste Beeinflussung des Kindes liegt auch durch die Vorbild- oder Modellwirkung vor, die das Verhalten von Eltern, Erwachsenen, Freunden und Medien haben. Sie ist oft die Quelle für erhebliche Erziehungsschwierigkeiten. Ihr Einfluss macht sich mitunter jedoch erst sehr viel später bemerkbar. Dann stehen die Eltern vor der Aufgabe, ungewünschtes[2] Verhalten des Kindes zu verändern.

Der Erziehungsalltag in einer Familie ist durchsetzt mit Vorbildverhalten. Als Beispiel sollen genannt werden: Rauchen, Alkoholgenuss, Tischsitten, der Kommunikationsstil der Eltern untereinander, Lob- und Strafverhalten der Eltern, Wertschätzung gegenüber Personen und Sachen. Nicht immer nimmt das Kind ein Modell als Vorbild an und orientiert sich an seinem Verhalten. Aber leider sind es häufig genau diejenigen Verhaltensweisen, die vom Kind angenommen werden, bei denen die Eltern sich zu einem späteren Zeitpunkt genötigt fühlen, sie dem Kind wieder „abzugewöhnen“. Man denke nur an Kraftausdrücke, verbale und körperliche Aggressionen u. a.

Das Verhältnis und die Beziehung der Eltern untereinander haben immer Auswirkung auf die Erziehung und das Verhalten des Kindes

Emotionale Wärme oder Kälte, Wertschätzung oder Geringschätzung, Verstehen oder Nicht-Verstehen im Verhalten der Eltern untereinander sind nicht direkt messbar, mitunter kaum bewusst wahrnehmbar. Sie sind nicht als erzieherische Maßnahmen geplant, sofern sie das Verhältnis der Eltern untereinander betreffen und zeigen doch Auswirkungen auf das Verhalten des Kindes.

Jacob hat offenbar ganz besonders unter der Situation, dass sich seine Eltern in entscheidenden Erziehungsfragen uneins waren, gelitten und sie auch für sich ausgenutzt. Insbesondere in der frühen Zeit, als sich die Verhaltensprobleme herauszustellen begannen und sein Vater ihn bestrafen wollte, die Mutter sich aber dagegen stellte. Jacobs Vater hat in der Folgezeit versucht, sich ganz aus der (bewussten) Erziehung zurückzuziehen und sich damit zwangsläufig auch von Jacob zurückgezogen.

Bei Auseinandersetzungen zwischen den Eltern besteht, je nach den Umständen, ob und wie die Eltern diesen Konflikt austragen, immer auch die Gefahr des Autoritäts- und Vertrauensverlustes gegenüber einem, vielleicht auch beiden Elternteilen. Das gilt insbesondere bei einem grundsätzlichen Konflikt zwischen den Eltern, bei dem ihre Beziehung zueinander auf dem Spiel steht. Ein kleines Kind ist sehr sensibel für Stimmungen innerhalb der Familie, weil es mit seinem Leben und seiner seelischen und körperlichen Gesundheit von dieser Familie, vor allem von beiden Elternteilen abhängig ist. Gar zu oft glaubt es, bei diesem Streit müsse es immer um es selbst gehen. Zu oft fühlt es sich in einem solchen Fall grundlos schuldig und durch seine Eltern bestraft für *sein* Verhalten, über das aus seiner Sicht seine Eltern streiten. Das gilt speziell auch, wenn es um Lob oder Strafe für das Kind geht, wie das im Falle *Jacobs* geschehen ist.

Es gibt Lebenssituationen und Lebensbedingungen, die die persönliche Belastung der Eltern deutlich erhöhen und daher schwierige Erziehungsbedingungen schaffen

Da ist vor allem die Familiensituation, die sich auf das Erziehungsverhalten auswirkt: das Alter der Eltern und ihre Lebenserfahrung, ihre Selbstsicherheit, ihre Stärke und Stütze für das Kind; die Familienstruktur und die Entstehungsbedingungen der Familie. Da sind das Wohnumfeld und die Wohnsituation, die auf das Eltern-Kind-Verhältnis einwirken und kritische Erziehungsbedingungen schaffen: zwei Kinder in einem Zimmer, die sich bei den Arbeiten für die Schule gegenseitig stören, das Kind, das seine Hausaufgaben am Küchentisch oder in der Diele erledigen muss, weil nicht genügend Platz vorhanden ist. Da sind das kleine Kind, das bei den Eltern im Schlafzimmer schläft, weil die viel ältere Schwester das einzige Kinderzimmer belegt oder die Eltern, die im Wohnraum schlafen, um den Kindern ihr Schlafzimmer als Kinderzimmer zu überlassen. In solchen Situationen werden die Nerven der Eltern arg belastet. Sie sind dann oft wenig in der Lage, auf die Bedürfnisse ihrer Kinder ruhig und angemessen zu reagieren. Ihre Erziehung ist durch weniger unterstützendes als vielmehr abwehrendes und strafendes Verhalten gekennzeichnet.

Einflüsse auf die Erziehung aus der gemeinsamen Eltern-Kind-Geschichte

Oft wirken Ereignisse auf die Erziehung ein, die schon längere Zeit oder gar lange Zeit zurückliegen. Wie verliefen Schwangerschaft und Geburt des Kindes? Waren Kind und/oder Mutter gesund oder krank? Wie haben die Mutter (und der Vater) die Ankündigung von Schwangerschaft und Geburt aufgenommen: War Freude oder Zurückhaltung, gar Ablehnung zu spüren? War das Kind gewollt oder ungewollt?

Häufig gibt es in der Vergangenheit Aspekte, die, wenn aktuelle Probleme, z. B. Bettnässen oder Sprachschwierigkeiten, aufgetreten sind, im Rückblick als bedeutsam erscheinen. Bei genauerer

Beobachtung wären sie möglicherweise bereits früher als belangreich erkannt worden. Die Sorge der Mutter um ein einstmals krankes Kind kann langfristig z.B. in eine Verwöhnungssituation einmünden, die schwierige Erziehungsbedingungen schafft, denn das Gefühl einer Mutter, ihr Kind besonders beschützen zu müssen, bleibt oft auch dann bestehen, wenn die Ursache, die dieses Gefühl hervorrief, längst als beseitigt angesehen werden kann. Aus dieser Haltung heraus entwickeln sich in der Folgezeit eine Reihe Erziehungskonflikte, die zu einer starken Belastung der ganzen Familie werden können. Mitunter ist die Hilfe einer Erziehungsberatung angebracht, um den Eltern und dem Kind zu helfen, den Kreislauf von Verwöhnung, mit dem oft eine subtile Form der Bestrafung verbunden ist, zu durchbrechen.

Einflüsse auf die Erziehung aus der Vergangenheit der Lebensgeschichte der Eltern

Welche Erfahrung haben Mutter und Vater selbst als Kind gemacht? Es gibt Angaben durch Untersuchungen darüber, dass ca. 30 Prozent der Eltern, die selbst als Kind misshandelt worden sind, auch ihre eigenen Kinder misshandeln. Aber für die meisten Eltern, die Mutterliebe, Geborgenheit und Vertrauen zu ihren Eltern nie kennen gelernt haben, deren Vater vielleicht trank, die Mutter oder sie selbst schlug, möchten das mit ihren eigenen Kindern gern ändern. Daher sind sie vielfach besonders nachsichtig gegenüber den Fehlern ihrer Kinder, greifen nicht sehr konsequent durch, wenn die Kinder die ihnen gestellten Aufgaben nicht so gut erfüllen, wie sie das eigentlich könnten, immer das negative Bild ihrer eigenen Eltern und Kindheit vor Augen. Schaut man in die Familie hinein, gewinnt man den Eindruck, dass in der Tat ein vertrauensvolles Verhältnis zwischen Eltern und Kindern besteht. Es ist aber auch ein wenig zu erkennen, dass die Kinder die Nachsicht der Eltern für sich selbst ausnutzen. Daher überschreiten sie ihre Grenzen häufiger, als es den Eltern recht wäre. Beide sorgen sie sich, wenn sie konsequent sind, zu hart durchgegriffen zu haben und haben dann ein schlechtes Gewissen. Sie wollen es beim nächsten Mal besser machen. Aber der Kreislauf bleibt immer der gleiche.

In Konfliktfällen greifen Eltern jedoch häufig auf genau die Mittel zurück, von denen sie als Kind erfahren hatten, dass sie wirksam waren. Das ist in vielen Fällen die Strafe.

Die Wirkung einer Erziehungsmaßnahme kann der pädagogischen Absicht vollständig entgegengesetzt sein

Eine Lehrerin stellte fest, dass Billy, ein Junge in ihrer Klasse, regelmäßig ihrer allgemein an die Klasse gerichteten Aufforderung, die Hausaufgabenhefte vorzunehmen, nicht folgte. Darüber ärgerte sie sich sehr. „Immer musste der Junge eine Extraaufforderung haben, damit er sein Heft vornahm", beklagte sie sich. Erst nach dieser erneuten Aufforderung nahm der Schüler sein Heft vor.

Was war geschehen? Durch die vielen persönlich an den Jungen gerichteten Aufforderungen hatte der Junge gelernt, dass er *sein* Heft tatsächlich erst dann hervornehmen musste, wenn durch die Lehrerin an ihn diese „Extraaufforderung" erging.

Solche Einflüsse spielen eine besondere Rolle, denen Kinder ganz *ohne* jede erzieherische Absicht ausgesetzt sind und solche, die *entgegen* einer erzieherischen Absicht wirksam sind. Wir finden beides in der Erziehung. Eine erzieherische *Absicht* stimmt nicht notwendig mit der *Wirkung*, die diese Absicht auf das Verhalten der Kinder hat, überein. Billys Lehrerin verfolgte mit ihrer „Extraaufforderung" an Billy die *Absicht*, ihm eine Rüge zu erteilen, damit er sein Heft demnächst sofort hervornehmen sollte. Auf Billy hatte sie jedoch die entgegengesetzte *Wirkung*. Jacobs Oma hatte nicht die Absicht, Jacob zu erziehen, wenn sie ihn aus dem Kindergarten abholte und dort seine Spielsachen wegräumte. Trotzdem vermittelte sie ihm damit bestimmte Lernerfahrungen, die seine Verhaltenserwartungen für die Zukunft prägten. *Es ist für das Verständnis des hier Gesagten wichtig, Absicht und Wirkung einer Erziehungsmaßnahme streng auseinander zu halten. Das gilt ins-*

besondere für so grundlegende Erziehungsmaßnahmen wie Lob und Strafe.

Die Erziehung des Kindes beginnt mit der Schwangerschaft

Wenn ein Paar ein Kind bekommt, beanspruchen Gesundheit und Säuglingspflege während der Schwangerschaft sowie während und nach der Geburt des Kindes die oberste Priorität im Denken der zukünftigen Eltern. Gegenüber diesen Fragen scheinen Fragen der Erziehung für sie noch in weiter Ferne zu liegen. Und doch müsste ihnen bereits während der Schwangerschaft die Frage: „Wie halten Sie es mit der Erziehung?" gestellt werden, denn schon jetzt werden Weichen gestellt, die es den Eltern später leichter oder schwerer machen werden, ihren Aufgaben der Erziehung des Kindes gerecht zu werden, vor allem, um nachher nicht korrigierend eingreifen zu müssen.

Ererbt oder erworben?

Immer wieder stellt sich die Frage: „Ist ein Verhalten genetisch, also durch Erbanlagen bedingt", ist es „durch Krankheit verursacht" oder ist es „durch Erziehung oder Erfahrung erworben", also durch die Einflüsse und Einwirkungen der Umwelt des Kindes entstanden? Viele Menschen geben bei zu beobachtenden ungewöhnlichen Verhaltensweisen, vor allem bei Kindern, einer genetischen Erklärung den Vorzug. Das gilt sowohl bei positiv bewertetem Verhalten, z.B. der „Begabung" eines Kindes, als aber auch bei negativ bewertetem Verhalten, einem Verhalten, das zum Beispiel Jacob zeigt.

Die Frage, ob ein Verhalten genetisch bedingt ist, ist in den letzten Jahren durch die Erfolge genetischer Forschung und die großen Fortschritte der Neurobiologie, vor allem der Erforschung der Struktur und Funktionsweise des Gehirns, wieder sehr stark in den Mittelpunkt des Interesses gerückt.

Mit ihr auch die Frage nach der Bedeutung und dem Einfluss von Erziehung.

Für *Jacobs* Vater steckt das Fehlverhalten seines Kindes eben „drin“, „da kann man nichts machen“. Mit ihm selbst, dem Vater, und seiner Frau, der Mutter des Kindes, hat das Verhalten recht wenig zu tun. Beide haben nur dafür zu sorgen, dass Jacobs Ausbrüche gestoppt oder wenigstens auf ein erträgliches Maß zurückgeschraubt werden. Das angemessene Mittel dazu ist aus seiner Sicht die Strafe. Je weniger der Vater aber mit seiner Art zu strafen bei Jacob ausrichten kann, zu umso drastischeren Strafmaßnahmen wird er greifen – oder sich aus dem Erziehungsgeschehen ganz zurückziehen und die Erziehung der Mutter überlassen. Der Mutter gegenüber bleibt aber zudem noch insgeheim der Vorwurf, sie verstärke das Verhalten von Jacob dadurch, dass sie angemessene Maßnahmen – eben Strafen – unterbinde.

Die Mutter befürchtet andere Zusammenhänge, die Jacobs Verhalten verursachen: Krankheit. Auch sie sieht dadurch wenig Zusammenhänge mit ihrem und ihres Mannes Verhalten. Sie lehnt deshalb aber die Strafe ab und sucht medizinische oder therapeutische Hilfe.

Beiden Auffassungen über die Ursache von Jacobs Verhalten ist gemein, dass *in Jacob selbst* letztlich die Ursachen für sein Verhalten gesucht werden und dass dieses Verhalten ziemlich unabhängig von der Erziehung und den Erfahrungen Jacobs entstanden ist. Die Maßnahmen, die Jacobs Eltern ergreifen, werden durch diese Sichtweise entsprechend ausgewählt, auf der einen Seite Strafe, auf der anderen Seite medizinische oder psychologische Therapie. Der Fehler aber liegt für die Eltern letztlich bei *Jacob*, in *seiner* genetischen Ausstattung oder seiner Krankheit.

Könnte es auch sein, dass Jacobs genetische Ausstattung sein Verhalten *nicht* in dieser extremen Ausprägung festlegt und Jacob auch *nicht* „krank“ ist? Bei dieser Sichtweise rücken plötzlich Eltern und Verwandte, Freunde und Bekannte Jacobs, auch Jacobs

Kindergarten, neben ihm in den Mittelpunkt der Betrachtung. Der Blick geht von Jacob weg auf alle, mit denen er in seinem bisherigen Leben zu tun hatte. Die Frage lautet nun: „Was hat Jacob für *Erfahrungen* gemacht, die sein Verhalten prägten. Kann es sein, dass die Lebenssituation Jacobs, das Verhalten seiner Eltern und das aller anderen Bekannten und Verwandten, ihm Erfahrungen solcher Art vermittelten, die zu diesem Verhalten führten?“

Wenn Jacobs Vater lernen könnte, umzudenken: Nicht mehr „es steckt eben drin, da kann man nichts machen“, sondern „Wir haben Jacob Erfahrungen vermittelt, durch die er so geworden ist“, könnte das als Erstes ein wichtiges Ergebnis haben: Die Strafe, die für den Vater so wichtig war, verlöre ihren bedeutenden Stellenwert. Es könnten sich ihm plötzlich Alternativen zur Strafe zeigen. Die Perspektive würde sich verschieben. Bedeutsam würde nun nicht mehr allein, dass sich *Jacob* ändert, sondern auch der *Vater* könnte sein Verhalten ändern und dadurch dem Kind die Chance zu einer Veränderung seines Verhaltens geben.

Das gilt auch für die Mutter. Auch ihr könnten sich neue Perspektiven des Verhaltens aufzeigen, die Jacob zur Veränderung seines Verhaltens verhelfen könnten.

Die Verhaltensauffälligkeit Jacobs ist soweit fortgeschritten, dass ohne professionelle Hilfe für ihn *und* seine Eltern wie auch für seine Großmutter schwerlich eine deutliche Veränderung im Verhalten zu erwarten ist. Jedoch würde der Perspektivenwechsel eine wichtige Bedingung erfüllen, ohne die es für das Kind wohl keine Hilfe gäbe: Die Ursache für Jacobs Verhalten würde jetzt nicht mehr allein bei ihm gesucht.

Der Perspektivenwechsel vom Kind auf die Erfahrungen, die ihm durch seine Lebenssituation und seine Bezugpersonen vermittelt wurden, wirft die Frage nach der Bedeutung der genetischen Ausstattung eines Kindes und ihres Verhältnisses zu den Umwelteinflüssen, den Erfahrungen des Kindes, wieder auf. Welchen Einfluss haben die Gene und welchen Einfluss hat die Erziehung?

Frühe Einflüsse prägen das Kind auf der Basis seiner genetischen Ausstattung

Neuere wissenschaftliche Untersuchungen im Rahmen der Gehirnforschung haben zu bemerkenswerten Ergebnissen geführt. Jedes Kind wird mit einer einzigartigen genetischen Ausstattung geboren, die mit allen notwendigen Funktionen so weit entwickelt ist, dass das Kind überleben, wachsen und mit den Personen, die es versorgen, eine Bindung eingehen kann. Bis zum Ende der Schwangerschaft sind das Rückenmark und der Hirnstamm aber nur soweit entwickelt, dass alle notwendigen Körperfunktionen gesteuert werden. Das Gehirn des Menschen ist bei der Geburt auffallend unausgereift, damit es lernen kann. Der *Ablauf* der Entwicklung ist genetisch programmiert und setzt sich nach der Geburt fort. Die *Qualität* der Entwicklung wird aber weitgehend durch Umwelteinflüsse wie Erziehung und Erfahrung bestimmt (Eliot 2002, 15ff; Bauer 2002, 54ff). *Wichtig zu wissen ist, dass Erfahrung und Erziehung die physiologische Struktur des Gehirns wahrnehmbar, messbar mit entsprechend geeigneten Untersuchungsverfahren, verändern.* „Das Gehirn selbst wird buchstäblich von Erfahrungen geprägt: Jeder Anblick, jeder Laut und Gedanke hinterlässt auf bestimmten neuronalen Schaltkreisen einen Eindruck und verändert damit die Wahrnehmung künftiger Anblicke, Laute und Gedanken. Die Hirnstruktur ist keineswegs von Geburt an festgelegt; vielmehr ist das Gehirn ein lebendes, dynamisches Gewebe, das sich fortwährend auf den neuesten Stand bringt, um die jeweils gegebenen sensorischen, motorischen, emotionalen und geistigen Anforderungen zu erfüllen." (Eliot 2002; 11). *So werden aus flüchtigen Eindrücken und Erfahrungen durch Umwelt und Erziehung bleibende veränderte Verbindungen zwischen den Nervenzellen.* „Aus Erlebnissen der Seele werden Spuren im Gehirn" (Spitzer 2002, 3).

Während der Schwangerschaft ist das ungeborene Kind schon vielerlei Umwelteinflüssen ausgesetzt, die sich auf die Entwicklung des kindlichen Gehirns auswirken. Dazu gehören u.a. die Ernährung der Mutter, ihre körperlichen Aktivitäten; akustische Reize wie Stimme und Musik. Auch ihre Gefühlssituation, Freude, Entspannung, Angst, Sorgen und Stress wirken auf das ungeborene Kind ein. Das gesamte Sozialleben des Paares hat Einfluss auf die Entwicklung des ungeborenen Kindes und seines kindlichen Gehirns.[3] Diese Entwicklung setzt sich mit der Geburt in steigendem Maße fort. Jetzt sind es direkte physiologische, psychische und soziale Faktoren, die auf die physiologische Struktur des kindlichen Gehirns Einfluss nehmen. Dazu gehören alle Erfahrungen des Kindes durch Pflege, Versorgung und Erziehung. Zu diesen gehört in der Erziehungspraxis immer auch die Anwendung von Belohnung und Bestrafung. Frühe Erfahrungen des Neugeboren prägen sich als bleibende Verbindungen zwischen den Nervenzellen des Gehirns ein und bilden die Vorerfahrung, vor deren Hintergrund das Kind zukünftige Eindrücke und Erfahrungen bewertet und individuell beantwortet. Es ist also nicht zuviel gesagt, wenn festgestellt werden muss: *Ein Kind, das von seinen Eltern primär und schon früh mit abwehrenden und gegenwirkenden Maßnahmen, also auch Strafen, erzogen wird, wird sein zukünftiges Verhalten auch in Erwartung weiterer gegenwirkender Maßnahmen und Strafen einrichten. Während ein Kind, das primär mit unterstützenden Maßnahmen, also mit Lob und Belohnung durch seine Eltern erzogen wird, sein Verhalten auch auf Zukunft hin in Erwartung weiterer unterstützender und belohender Maßnahmen durch seine Eltern ausrichten wird.*

Damit nicht genug: Die Eltern entwickeln ebenfalls eine entsprechende Erwartungshaltung an das Verhalten des Kindes und richten ihre eigenes Verhalten dem Kinde gegenüber entsprechend ein.

Das Eltern-Kind-Verhältnis beeinflusst entscheidend alle Erziehungsmaßnahmen[4]

Kinder werden in ein soziales Beziehungsgefüge hineingeboren. Dieses Beziehungsgefüge wird durch Einflüsse bestimmt, auf die die Eltern selbst oft in geringem Maße einwirken können. Neben den Einflüssen, die Verwandte und Freunde ausüben, wirken sich soziale Normen, Traditionen und die eigenen Erfahrungen der Eltern aus. Erziehung ist immer auch ein Produkt dieser sozialen Strukturen. Allen Beziehungen voran aber steht die Eltern-Kind-Bindung, auf die die Eltern selbst unmittelbar Einfluss nehmen können. Erziehungsmaßnahmen wirken insbesonders dann in der gewünschten Art und Weise, wenn die Beziehung zwischen Eltern und Kind durch Wärme, Wertschätzung, Verstehen und andere Faktoren bestimmt wird (vgl. Uhl 1997, 669; Uhl 1996, 271). Das gilt für Lob und Belohnung, aber insbesonders für die Bestrafung.

Betrachtet man das Verhältnis von Jacob zu seinen Eltern, fällt auf, dass dieses Verhältnis durch viele Störungen und Krisen gekennzeichnet ist:

Der Beginn von Jacobs Leben im Krankenhaus in den ersten Tagen gestaltete sich wenig erfreulich.

Seine Eltern haben wenig Zeit für ihn und überlassen ihn oft der Obhut seiner Großmutter, erfüllen seine materiellen Wünsche aber sofort.

Jacob will häufig nicht in seinem Bett, sondern im Bett der Eltern schlafen.

Die bereits früh einsetzenden unterschiedlichen Auffassungen seiner Eltern über seine Erziehung und ihr wechselhafter Umgang mit ihm hatten offenbar auch negative Auswirkungen auf sein Wohlbefinden.

Der Vater zieht sich aus der Erziehung ganz zurück und überlässt diese der überforderten Mutter allein.

Die Gefühle des Jungen gegenüber seinen Eltern zeigen neben Zuneigung auch Wut, Zorn und starke Aggression. Die Mutter ist für den Jungen wie ein Objekt, das er besitzen will und das ihm gehorchen soll. Die nächtliche Betreuung seines Vaters lehnt er ab.

Die Gefühle der Eltern zu ihrem Kind schwanken zwischen Liebe, Wut, Zorn, Aggression, Ohnmacht, Hoffnungslosigkeit und Verzweiflung.

Es fehlt dem Kind die emotionale Sicherheit in der Beziehung zu seinen Eltern. Jeder kämpft gegen jeden, obwohl das vermutlich niemand will und sich dessen auch nicht bewusst ist.

Von liebevollem Umgang zwischen Mutter und Kind wird nur berichtet nach heftiger Auseinandersetzung, wenn die Mutter wegen ihres teils aggressiven Verhaltens gegenüber dem Kind, von heftigen Schuldgefühlen geplagt, ihren Sohn in die Arme schließt, alles ungeschehen machen möchte und auf eine bessere Zukunft hofft.

In der Vergangenheit wurde immer wieder angenommen, die Beziehung zwischen einer Mutter und ihrem Kind sei gewissermaßen in ihrer Festigkeit und Intensität von vornherein durch Evolution und Vererbung angelegt. Heute geht die Forschung davon aus, dass Zuneigung, Pflegebedürfnis und Liebe einer Mutter zum Kind erst entstehen durch den Umgang mit dem Kind während der ersten Lebensjahre. Dabei spielen die ersten Tage nach der Geburt und die ersten ganz frühen Kontakte zwischen Mutter und Kind eine wichtige Rolle.

Wir wissen aber auch aus den Erfahrungen mit Frühgeborenen, dass Mutter und Kind nicht dauernd benachteiligt sein müssen, wenn dieser Kontakt nicht sofort wie bei einem „normal" geborenen Kind stattfinden kann. Tatsächlich sind es mehrere Jahre, in denen sich die Liebe zwischen Mutter, Vater und Kind entwickelt.

Neben der *Zeit*, in der sich die Mutter-Kind-Bindung entwickelt, ist die *Art und Weise*, wie das geschieht, von besonderer Bedeutung, da sich tatsächlich jede Handlungsweise der Eltern und jede ihrer Entscheidungen auf die Entwicklung des kindlichen Gehirns und damit auf das Kind in seiner gesamten Entwicklung auswirken.

Kinder, die eine positive, enge und emotional warme Bindung zu ihrer Mutter entwickeln, verhalten sich anders als Kinder, denen eine solche Bindung fehlt. Auch die kognitive Entwicklung, d. h. die Entwicklung derjenigen Funktionen, die die geistige Tätigkeit eines Menschen ausmachen und *die Wirkung der Erziehungsbe-*

mühungen durch die Eltern hängen von der Art und Ausgestaltung der Bindung zwischen Kind und Bezugspersonen ab.

Aber was macht eine solche Beziehung aus? Worauf müssen Eltern Wert legen, wenn sie eine positive emotionale Bindung zu ihren Kindern schaffen oder aufrechterhalten möchten, um angemessen mit den Stärken und Schwächen ihres Kindes umgehen zu können?

Emotionale Wärme

Sie bedeutet die Annahme des Kindes in seiner jeweiligen Eigenart, mit allen seinen Gefühlen und Bedürfnissen, so wie sie sind, auch wenn sie dem Erzieher Unbehagen bereiten: „Ich fühle mich von meinen Eltern, so wie ich bin, angenommen. Ich kann meine Gefühle zeigen und meine Bedürfnisse artikulieren ohne Angst und Furcht vor Strafe, ohne Furcht, ausgenutzt zu werden."

Ein Kind, das als Person rückhaltlos von seinen Eltern angenommen wird, entwickelt eine stabile Beziehung zu seinen Eltern. Zunächst zur Mutter, später zu seinem Vater. Schon als Neugeborenes entwickelt es ein Gefühl dafür, ob seine Grundbedürfnisse durch seine Bezugspersonen befriedigt werden wie etwa Stillen, Zuwendung, Körperkontakt, regelmäßige Pflege und Versorgung, angenehme akustische und taktile Reize. Sehr früh kann das Gehirn des Kindes solche Erfahrungen als unbewusste Erinnerung speichern. Durch Wiederholung dieser Erfahrungen lernt das Kind, dass seine Bedürfnisse befriedigt werden. Zwischen Eltern und Kind entsteht ein wechselhaftes Verhältnis, das diese angenehmen Gefühle, akzeptiert zu sein, widerspiegelt. So geben nicht nur die Eltern dem Kinde diese Erfahrungen mit, das Kind selbst signalisiert den Eltern, dass es auch sie angenommen hat.

An welchen Stellen fühlt Jacob, dass er angenommen wird? Jacob erfährt überwiegend Kritik, so vom Vater, zu oft von der Mutter, von den Spielgefährten und den Erzieherinnen. Wenn Jacobs Vater sich aus der Erziehung ganz zurückzieht, nimmt auch er Jacob nicht an. Jacobs Bedürfnisse führten oft zum Streit zwischen ihm und seiner Mutter. Sie führten zum Bruch mit dem Vater, zum Streit zwischen den Eltern. Zu oft erfuhr Jacob Zuwendung, wenn die Eltern mit ihm nicht einverstanden waren. Zu oft kam es nur nach schrecklichen Auseinandersetzungen zu angstfreier und zweckfreier Zuwendung durch die Mutter. Von Zuwendung durch den Vater spricht die Mutter nicht.

In einer emotional warmen Beziehung erfährt das Kind *Schutz, Geborgenheit, Vertrautheit und Sicherheit.* Das bedeutet Sicherheit des Kindes bezüglich seines eigenen Verhaltens in seinem Erfahrungs- und Lebensbereich, wie auch die Sicherheit bezüglich des Elternverhaltens. Das Kind hat erfahren, wie Eltern sich in bestimmten Situationen verhalten, es kann sich darauf verlassen, dass die Eltern es schützen, ihm Geborgenheit vermitteln und Sicherheit geben. Es hat Vertrauen zu sich selbst, seinen eigenen Fähigkeiten, später auch zu seinen Grenzen. Es hat auch Vertrauen in die Fähigkeiten seiner Eltern. Von dieser Basis aus kann das Kind Vertrauen gegenüber anderen Menschen aufbauen. Emotionale Wärme bedeutet für das Kind auch, *die Nähe der Eltern als angenehm erfahren zu können.*

Wie oft musste Jacob die Nähe seiner Eltern als unangenehm erfahren, die Eltern umgekehrt die Nähe Jacobs. Wie oft haben sich die Eltern gewünscht, Jacob möge sie in Ruhe lassen. Was fehlt Jacob, dass er ständig nach seiner Mutter ruft, ohne sich erkennbar in der Nähe seiner Mutter oder seines Vaters wohl zu fühlen?

An dieser Stelle wird deutlich, warum Jacobs Familie so sehr in den Kreiskauf des abwehrenden Verhaltens und des Strafens verstrickt ist. Weder hatten die Eltern Vertrauen in Jacob, noch Jacob in seine Eltern. Dort, wo kein Vertrauen besteht, müssen vermehrt Kontrollen ausgeübt und Grenzen gesetzt werden. Dort finden sich auch in vermehrtem Maße Grenzüberschreitungen. Solche Grenzüberschreitungen versuchen die Betroffenen primär mit Androhung von Strafe zu verhindern, mit Strafe zu ahnden oder mit Strafe zu korrigieren. So entsteht die Situation, dass ein jeder das Bedürfnis fühlt, bei Gelegenheit den anderen zu bestrafen. Diese

Art von Strafe verfehlt aber zumeist ihre beabsichtigte Wirkung, sie geht „nach hinten" los und trifft den Strafenden letztlich selbst. Es fehlt die Akzeptanz dessen, der straft und dadurch die Akzeptanz der Strafe selbst. Statt das Verhalten in der gewünschten Weise zu verändern, werden Mechanismen entwickelt, sich gegen die Strafe und den Bestrafenden zu wehren. Es entsteht Fluchtverhalten oder Aggression.

In einer pädagogischen Beziehung zwischen Eltern und Kind, die durch emotionale Wärme und Vertrauen gekennzeichnet ist, geschieht Erziehung überwiegend durch positive Unterstützung des Kindes. Im Falle von Bestrafung, die nicht Entwürdigung und nicht Misshandlung ist, ist es in der Lage, trotz der Strafe den strafenden Elternteil und mit ihm die Strafe grundsätzlich zu akzeptieren. Oft wird das vielleicht nicht in der aktuellen Situation deutlich. Jedoch wachsen Einsicht und Akzeptanz wieder, wenn die Gefühle nicht mehr so stark aufgewühlt sind.

Allerdings ist eine emotional warme Beziehung *allein* noch keine ausreichende Grundlage für eine sichere Bindung zwischen Eltern und Kind. Es müssen weitere Merkmale vorhanden sein, damit von einer positiven emotionalen Beziehung gesprochen werden kann, die dem Kind den Weg in die Entwicklung einer selbstständigen Persönlichkeit ermöglicht.

Wertschätzung

Die Wertschätzung des Kindes durch die Eltern stellt ebenfalls einen Grundpfeiler der Beziehung zwischen Eltern und Kind überhaupt dar. Sie ist, wie die genannten anderen Faktoren, bestimmend für das Ergebnis pädagogischer Bemühungen.

Kinder und Jugendliche erkennen die Wertschätzung vor allem aus nicht-verbalem Verhalten der Eltern, aus Tonfall, Mimik und Gestik. So wird auch Geringschätzung ausgedrückt: mit skeptisch-ablehnendem Kopfschütteln, unentschiedenem Zucken mit den Achseln, bedenklichem Hochziehen der Augenbrauen, der Körperhaltung durch Zurückweichen statt Vorbeugen oder Nicht-Zuhören. Es gibt viele Formen verbaler und nonverbaler Geringschätzung. *Diese Art der Geringschätzung kann immer auch eine Art von Bestrafung sein.*

Wenn auch den Eltern eine solche Form der Bestrafung oft nicht bewusst, von ihnen vielleicht auch nicht gewollt ist, kann sie doch diese Wirkung auf das Kind haben. Sie ist pädagogisch besonders problematisch, weil sie auch vom Kind nicht bewusst wahrgenommen wird. Ein Kind kann sich daher, wenn es eine solche Form der Strafe als ungerechtfertigt empfindet, in vielen Fällen nicht dagegen wehren.

Wertschätzung hingegen vermittelt dem Kind das Gefühl, *dass es den Eltern wichtig ist.* Es entsteht oder wächst die Bereitschaft, sich am Verhalten der Eltern zu orientieren. Es lernt, die eigenen Gefühle und die Gefühle der Eltern zu bejahen und die eigenen Gefühle auch zu äußern. Ängste des Kindes können vermindert werden. Es entwickelt persönliche Stabilität und kann eine eigene Meinung entwickeln: *„Ich muss nicht sagen und denken, was die Eltern hören möchten."* Es lernt auch, mit eigenen und fremden Fehlern umzugehen, aber Fehler nicht wichtiger zu nehmen als sie sind. Das Kind lernt, dass „Sein" wichtiger ist als „Haben".

Gordon (Gordon 1994, 240 ff) nennt drei wirksame Methoden, dem Kind zu zeigen, dass es akzeptiert, wertgeschätzt wird:

1. Die positive Nichtintervention. Die Eltern halten sich zurück und greifen nicht in die Aktivitäten des Kindes ein. Sie erkennen und bemerken die Aktivitäten wohl, aber intervenieren zu Gunsten des Kindes nicht. Dem Kind selbst ist bewusst, dass die Eltern aufmerksam seine Aktivitäten verfolgen, es aber handeln lassen. Dadurch fühlt sich das Kind in seiner Handlungsweise akzeptiert.
2. Aufmerksames, passives Zuhören. Die Eltern hören dem Kinde gegenüber aufmerksam zu, z. B., wenn das Kind den Eltern gegenüber Gefühle äußert und sie seine Äußerungen nicht stören. Wichtig hierbei ist, die Wertschätzung gegenüber den Äußerungen des Kindes durch Mimik und Gestik zu unterstützen und durch sie nicht Gleichgültigkeit oder gar Geringschätzung auszudrücken.

3. Aufmerksames, aktives Zuhören. Im Unterschied zum passiven Zuhören unterstützen die Eltern ihr Kind aktiv, indem sie den Äußerungen des Kindes ein „Feed-back“ geben. Die Eltern geben das, was das Kind ihnen gegenüber geäußert hat, die „Botschaft“ des Kindes an die Eltern, mit eigenen Worten wieder. Sie dürfen keinen Kommentar, keine Kritik, keine Wertung enthalten, um dem Kind zu signalisieren, dass sie es verstanden haben. Sie „spiegeln“ die Äußerungen des Kindes gewissermaßen. Dadurch fühlt sich das Kind verstanden und unterstützt, in seiner Darstellung fortzufahren.

Verstehen

Jacob zu verstehen ist die große Herausforderung für seine Eltern. Es ist auch eine Herausforderung an seine Großmutter und seine Erzieherinnen in der Tageseinrichtung. Den anderen verstehen gehört zu den Grundkategorien jeder Beziehung, insbesondere aber zu einer Partnerschaft und zum Eltern-Kind-Verhältnis. Verstehen bedeutet, sich in den anderen hineinzuversetzen und zu versuchen, aus seiner Sicht die Situation, die geäußerten Bedürfnisse und Wünsche zu „be-greifen“.

Verstehen ist eine Form, sich in den anderen hineinzuversetzen, die nicht erst geübt wird, wenn das Kind bereits einige Jahre alt ist. Verstehen hat viel mit der „Bindungsbeziehung“ zwischen Eltern und Kind zu tun. Grundlagen dieser Bindungsbeziehung werden bereits in den ersten Tagen nach der Geburt nicht nur von seiten der Mutter gelegt, auch das Neugeborene ist aktiv daran beteiligt. So hat die moderne Säuglings- und Bindungsforschung belegt, dass sich die Mutter intuitiv in ständigem emotionalem Austausch mit dem Säugling befindet und dass dieser auf der Gefühlsebene erste kommunikative Erfahrungen mit seinen Bezugspersonen macht. Schon in dieser frühen Entwicklungsphase wird die „Fähigkeit zur sozialen Perspektivenübernahme, das Einfühlungsvermögen in die jeweiligen Affekte, Absichten, emotionalen Gestimmtheiten und Wertvorstellungen des anderen“ (Eggers 2002,

109) grundlegend festgelegt. Eggers betont, dass es dabei besonders wichtig sei, „dass der junge Säugling das Gefühl bekommt, dass er bei seinen relevanten Bezugspersonen für ihn adäquate, d. h. ‚richtige' Reaktionen auslösen kann. Auf diese Weise kann der junge Säugling (…) wahrnehmen, dass seine Gedanken, Gefühle und Aktionen zum Erfolg führen. Hier liegt schon ganz früh, nämlich bereits in den ersten Lebenstagen und -wochen, die Wurzel für spätere Ich-Stärke, Selbstvertrauen und ein gesundes Selbstwerterleben" (Eggers 2002, 110). Die Mutter versteht die Signale des Säuglings und beantwortet sie für den Säugling „richtig" und „stimmig". Es entsteht ein Prozess des gegenseitigen Einfühlungsvermögens, der sich im Laufe der Jahre weiterentwickelt und zunehmend differenziert.

Im umgekehrten Sinne bahnt sich auf dieser frühen Ebene bereits eine fatale Entwicklung an, wenn die Mutter nicht in der Lage ist, die Signale des Säuglings zutreffend zu verstehen und entsprechend positiv und „stimmig" zu beantworten. Es kommt zu gravierenden Kommunikationsstörungen. Das Nicht-Verstehen ist für das Kind gleichbedeutend mit einer ständigen Bestrafung durch die Erfolglosigkeit seiner Bemühungen um den emotionalen und kommunikativen Austausch. Die Fähigkeit zur sozialen Perspektivenübernahme sowie das Einfühlungsvermögen können sich nicht entwickeln. Der Säugling sieht keinen Erfolg in seinen Bemühungen, bei seinen Bezugspersonen „richtige" Reaktionen auszulösen. Es kommt zu grundlegenden Unsicherheiten in seinem Verhalten und kann, bereits so früh, wegen der fehlgeleiteten Lernerfahrungen, zu Verhaltsauffälligkeiten führen.

Aber auch die Mutter fühlt sich nicht durch die Reaktionen des Kindes in ihrem Verhalten bestätigt. Auch sie wird unsicher und fühlt sich durch das Verhalten ihres Kindes „bestraft". Auch sie wird grundlegend andere Verhaltensweisen entwickeln, um die Kommunikation mit ihrem Kind in irgendeiner für sie akzeptablen Weise aufrechtzuerhalten. Auch durch die Mutter sind dann auf dieser frühen Ebene bereits Verhaltensweisen möglich, die Verhaltensauffälligkeiten des Kindes Vorschub leisten.

Verhalten sich Eltern aber in der für die Bedürfnisse und Wünsche des Kindes positiven Weise und damit zugleich auch für ihre eigenen Bedürfnisse und Wünsche, weil diese Bedürfnisse und Wünsche aufeinander abgestimmt wie ein „Schlüssel" zu einem „Schloss" passen, entsteht zwischen Mutter und Kind eine sog. „sichere Bindung".[5] Die Qualität dieser Bindung begründet wesentlich die Art und Weise der Beziehungen, die das Kind in seinem Leben eingeht. Das trifft zu für das Verhältnis Eltern-Kind, für das Verhältnis des Kindes zu sich selbst, zu seinen Freunden und Mitmenschen, ja auch für die Beziehungen, die das Kind zu seinen Sachen und seiner Umwelt insgesamt haben wird.

Sozial *sicher* gebundene Kinder entwickeln ein eher positives soziales Verhalten, ein positives Selbst(wert)gefühl und sind in der Lage, ihr eigenes Selbst, ihr eigenes Handeln zu reflektieren, sich in andere Menschen einzufühlen und entsprechend zu handeln. Eine *unsichere* Bindung birgt eher die Gefahr einer späteren sozialen Auffälligkeit, gekoppelt mit eher unbestimmtem, aggressivem Verhalten.

Eltern eines Kindes aus einer sozial sicheren Bindung können ein anderes Erziehungsverhalten praktizieren als Eltern eines sozial unsicher gebundenen Kindes. Sie können ein eher positives, unterstützendes Erziehungsverhalten zeigen, in dem Strafe als gegenwirkende Maßnahme nur eine untergeordnete Rolle spielen kann. Eltern eines unsicher gebundenen Kindes, das eher sozial auffälliges Verhalten und möglicherweise stärkere Aggressivität zeigt, verlassen sich weniger auf unterstützende Maßnahmen und stellen stärker ihr Erziehungsverhalten auf gegenwirkende Maßnahmen ein. Zu diesen Maßnahmen gehört insbesondere die Strafe.

Verstehen allein reicht nicht, wenn es das Kind nicht erfährt. Das Kind muss deutlich *erleben*, dass es von den Eltern verstanden wird. Ähnlich wie bei der „Wertschätzung" gibt es verbale und nonverbale Möglichkeiten, Verständigung zu signalisieren. Verbale Formen signalisieren Verstehen über inhaltliche Aussagen, aber auch über den Tonfall. Nicht-verbale Signale verbergen sich oft in der Mimik und Gestik. Generelle Aussagen lassen sich nicht machen. Schweigen kann „Verstehen", aber auch „Nichtverstehen" signalisieren. Die Situation allein ist oft der Schlüssel.

Von *Jacob* kann gesagt werden, dass er sich von seiner Mutter zumeist nicht verstanden fühlt. Ein Kind, das sich in einer emotional warmen Beziehung geborgen, wertgeschätzt und verstanden fühlt, verhält sich anders als Jacob. Auch die Eltern fühlen sich von Jacob nicht verstanden. Ebenso wenig verstehen sie sich, die Erziehung Jacobs betreffend, untereinander. Von einer emotional warmen Beziehung, in der Wertschätzung und Verstehen Platz haben, ist die Familie Jacobs weit entfernt.

Nichtverstehen kann die Wirkung einer *Strafe* haben: abwehrend, gegenwirkend, beabsichtigt durch die Eltern oder unbeabsichtigt, während Verstehen immer eine Komponente der Unterstützung in sich trägt, was nicht gleichzusetzen ist mit der Billigung einer Handlung. Aber auf der Ebene der *Beziehung* geschieht etwas sehr Bedeutsames: *„Du bist (mir) wichtig, ich mag dich, auch wenn du dich gegen meine Auffassung von Richtig oder Falsch entscheiden solltest."* Verstehen fördert Offenheit: *„Ich kann mich verändern und muss mein Leben nicht nach einem festgelegten Programm ablaufen lassen, muss nicht einer Meinung sein mit meinen Eltern."* Verstehen schafft Orientierung, ohne eine Richtung aufzuzwingen. *„Wenn ich unsicher bin, kann ich Hilfe erwarten, weil ich verstanden worden bin."*

Wer sich verstanden fühlt, fühlt sich zugehörig. Wer sich nicht verstanden fühlt, fühlt sich außerhalb stehend, abgelehnt.

Verstehen ist in einem ernsten Streit eine Hilfe und eine Voraussetzung zur De-Eskalation. Der Weg dazu ist das aktive Zuhören, um wirklich zu verstehen, was der andere meint und nicht nur das aufzunehmen, was immer schon gedacht wurde (Jalka 2002, 62f). Verstehen hilft hier zu vermeiden, den anderen zu bestrafen.

Echtheit

Wenn Wertschätzung und innere Anteilnahme sich positiv auf die Beziehung zwischen Eltern und Kind auswirken sollen, müssen sie mit der inneren Einstellung übereinstimmen. Kinder fühlen sehr genau, ob Eltern ihnen etwas „vormachen" oder ob sie voll hinter dem stehen, was sie sagen. Es muss mit ihrem Verhalten übereinstimmen. Mimik und Gestik transportieren auch hier die Botschaft: echt oder unecht.

Rollenverhalten, Fassadenhaftigkeit, gespielte Gefühle, Unehrlichkeit sind mit Echtheit, „Selbstkongruenz", nicht zu vereinbaren. Selbstkongruenz meint so etwas wie „mit sich selbst im Reinen sein." Echtheit zeigt dem Kind die Eltern so, wie sie tatsächlich sind. Das ist eine gute Basis für die Erziehung. Denken wir an die frühen Kommunikationsformen, wird erkennbar, dass Echtheit der Eltern den Kindern die Möglichkeit eröffnet, selbst echt zu sein. Zu Echtheit gehören Stärke und Mut, auch Unübliches zuzulassen oder zu schaffen, Fehler einzugestehen, sich mit dem Kind und seinen Wünschen ernsthaft auseinander zu setzen. Echtheit fördert Offenheit und schafft Orientierung.

Fehlende Echtheit, also tatsächliche Unechtheit, führt zu erheblichen Störungen in der Beziehung zwischen Eltern und Kind und hat weitere negative Folgen: Missverständnisse, Unsicherheit, Verwirrung, Verlust von Selbstvertrauen, Verlust von Vertrauen in die Eltern oder die Unmöglichkeit, solche Werte selbst zu entwickeln. Das Kind fühlt sich in seinen Gefühlen verletzt. Es wird sich bei der nächsten Gelegenheit den Eltern verschließen. Unechtheit kann daher ebenfalls als Bestrafung empfunden oder auch eingesetzt werden. Echtheit allein, ohne Wärme, Wertschätzung und Verstehen kann aber auch zu Härte und Grausamkeit führen.

Kontinuität

Kontinuität schafft Sicherheit. Sicherheit ist eine der wichtigsten Voraussetzungen für eine seelisch und körperlich gesunde Entwicklung des Menschen. Ein Kind bedarf der Kontinuität in der Zuwendung, in der Pflege und Versorgung.

Erste Lernerfahrungen des Neugeborenen beruhen auf Kontinuität durch Wiederholung. Es erfährt z. B. durch sein Schreien Zuwendung, erhält Nahrung, erfährt Wärme. Wenn sich diese Erfahrungen kontinuierlich wiederholen, verbindet es nach kurzer Zeit Orte, Situationen und Personen mit seinen Gefühlen. Es entsteht eine erste Sicherheit durch Erfahrungen. Der Säugling kann sicher sein, dass seine Bedürfnisse im rechten Maß und zur rechten Zeit zufrieden gestellt werden. Diese Erfahrungen sind nicht bewusst, sondern geschehen auf einer Ebene des unbewussten Lernens im Gehirn.

Für die gesunde seelische Entwicklung ungünstig, ja schädlich, ist eine ständig wechselhafte Haltung der Eltern. Erlebt der Säugling, später das Kleinkind, dass die Mutter einmal reagiert, ein anderes Mal nicht, ohne dass die Situation sich grundsätzlich für das Kind merklich verändert hat, also eine gewisse Willkür im Verhalten der Eltern zutage tritt, entsteht Unsicherheit: Werden die Bedürfnisse des Kindes nun befriedigt? Kann es sich auf die Eltern verlassen?

Bei diesen Kindern, deren Mütter sich durch die Bedürfnisse, die das Kind anmeldete, oft gestört fühlten und diese daher innerlich ablehnten oder aber wenig kontinuierlich und wenig einfühlsam auf sie eingegangen sind, bei diesen Kindern entwickelt sich nur eine unsichere Bindung zu ihren Bezugspersonen.

Extreme Unsicherheit führt zu Frustration, Angst und dem Versuch, diese Frustration zu vermeiden, z. B. durch lauteres und anhaltenderes Schreien. Sie führt zu Aggression und, wenn alles nichts hilft, zum Rückzug, zur Verweigerung. Frustration allein kann auch als Strafe empfunden werden, als Erfahrung, dass wichtige Bedürfnisse nicht befriedigt werden. Solche Kinder gelten in der Gemeinschaft oft als Störenfriede, sie werden als „schwierig" gekennzeichnet, „etikettiert", haben wenig Chancen, ihr Verhalten zu verändern, zeigen ihre wahren Gefühle nicht, aus Furcht vor Ablehnung oder Strafe, entwickeln Schuldgefühle und provozieren ihre Eltern und Erzieher. Sie lösen damit in ihnen ebenfalls Schuldgefühle aus. Alles mündet häufig in das Verhalten der Eltern, vor dem sich Kinder fürchten, das sie aber auch selbst provozieren: in das Verhalten der Bestrafung.

Es ist ein schrecklicher, unwürdiger Kreislauf, durch den Eltern und Kinder gemeinsam in das Strafverhalten der Eltern eingebunden sind, aus dem aber auch die Eltern nicht ohne weiteres ausbrechen können.

Betrachten wir das Verhalten von *Jacob*, deutet vieles daraufhin, dass Jacob eher Wechselhaftigkeit als Kontinuität in seiner Beziehung zu seinen Eltern erlebt hat und sein Verhalten zu seinen Eltern, speziell zu seiner Mutter, ebenfalls als unsicher gebunden bezeichnet werden muss. Auch bei Jacob und seiner Mutter ist der oben gekennzeichnete schreckliche Kreislauf von Provokation und Strafe deutlich zu erkennen.

Auf einen weiteren Zusammenhang muss kurz verwiesen werden. Kontinuität allein ist eine schlechte Voraussetzung für Erziehung. Für sich allein führt sie zur Stagnation, Unflexibilität und Starrheit. Wechsel fördert und bewahrt die Beweglichkeit und eröffnet Möglichkeiten, sich auf wechselnde Verhältnisse einzustellen. Aber nur dann, wenn das Kind eine starke emotionale Sicherheit durch Kontinuität im Erzieherverhalten erfährt, kann es sich sicher bewegen, also maximalen Nutzen aus wechselnden Verhältnissen ziehen. Wie der Mensch beim Laufen oder Klettern erst dann den nächsten Schritt machen kann, wenn das Standbein sicheren Halt gefunden hat, können auch nur Kinder, die sicher gebunden sind, ohne Angst und Unsicherheit Wechsel zulassen, z. B. wenn sich die Mutter eine gewisse Zeit von ihnen entfernt. Sie können in Ruhe und Freude auf die Rückkehr ihrer Mutter vertrauen. Sicher gebundene Kinder können – nach einer Eingewöhnungsphase – auch fremden Personen, z. B. Erzieherinnen und Erziehern, Vertrauen entgegenbringen. Unsicher gebundene Kinder erleben eine Trennungssituation als Stress, obwohl sich das nach außen hin oft nicht zeigt. Dieser Stress kann Ausgangspunkt zu einer Art „Lebenserfahrung“ bei Kindern und Jugendlichen werden, die sich in allen Persönlichkeitsbereichen „einnistet“. Die Folge sind fehlendes Vertrauen in sich selbst, fehlendes Vertrauen in Bezugspersonen und Freunde, in das eigene Wollen und Können, Frustrationserlebnisse, die oft selbst provoziert werden, uneingestandene Angst vor Versagen und Verlust, Vermeidung von Erfahrungen, die aus dieser Situation herausführen könnten, Provokation, Aggression und Bestrafung. Dann beginnt der Kreislauf wieder von vorn.

Offenbar fehlte Jacob grundlegende emotionale Sicherheit. Die geschilderte Szene des nächtlichen Schlafens ist beispielhaft. Jacob brauchte Sicherheit, wo er schläft und zu schlafen hat. Sicherheit auch, ob Mutter oder Vater nachts mehrfach zu ihm kommen, wenn er ruft, oder ob und wann sie nicht kommen. In der Regel ist der Schlafplatz für das Kind das eigene Bett. Aber auch dann, wenn das Kind zu den Eltern ins Bett kriecht, muss klar sein, wann das geschieht, wie lange es geduldet wird, ob und wann das Kind wieder ins eigene Bett zurückgeht. Am schädlichsten sind die Auseinandersetzungen darüber, ob, wann und unter welchen Umständen ein Kind zu den Eltern ins Bett kommen kann. Denn diese Auseinandersetzungen sind Zeichen dafür, dass die Sicherheit im Verhalten sowohl der Eltern als auch des Kindes fehlt. Wenn das Kind sicher ist, dass es zu einem bestimmten Zeitpunkt zu den Eltern ins Bett hüpfen kann, braucht es keine Auseinandersetzungen.

Geht das Kind davon aus, dass es ins Bett der Eltern schlüpfen kann, es dann aber zurückgewiesen wird, wirkt dieses Zurückweisen wie eine Strafe. Es tritt Unsicherheit auf, auch Zorn oder Aggression, wenn es den Grund für die Zurückweisung der Eltern nicht verstehen kann.

Lenkung

Lenkung des Kindesverhaltens ist eine ganz besonders wichtige Aufgabe von Eltern. Das Ausmaß der Lenkung hat direkte Auswirkungen auf die Persönlichkeitsentfaltung des Kindes.

In der öffentlichen Diskussion ist die Aufgabe der Lenkung der Kinder durch die Eltern und Erzieher eher bekannt geworden als eine Forderung, Kindern „Grenzen zu setzen". Die Literatur zu diesem Thema ist mittlerweile unüberschaubar. Aber die Forderung an die Eltern und Erzieher, Kindern Grenzen zu setzen, ist eine eher populistische Verkürzung dessen, was Eltern gegenüber ihren Kindern wirklich zu tun haben. In ihrer Lenkungsfunktion ist das „Grenzen setzen" zwar eingeschlossen, verkürzt aber das Problem auf das „Einschränken der Bewegungsfreiheit" oder besser, der „Verhaltensfreiheit" der Kinder und hat einen deutlich negativen Charakter. „Strafe" ist denn auch ein viel benutztes Mittel, um Kindern Grenzen zu setzen.

Lenkung des Kindes in der Erziehung muss einen anderen Charakter aufweisen. Ein Kind lenken[6] heißt, es annehmen in seiner Eigenart und mit den positiven Mitteln der Unterstützung erziehen. Das bedeutet, mit den Stärken des Kindes zu arbeiten, dort anzufangen, wo das Kind sich in seiner individuellen Entwicklung befindet und es entsprechend seiner individuellen Leistungsfähigkeit in einem angemessenen „Tempo" zu fördern. Die Erreichbarkeit eines Zieles ist für die Motivation und Anstrengungsbereitschaft des Kindes von großer Bedeutung. An leistungsfähige Kinder sind dabei andere Anforderungen zu stellen als an weniger leistungsfähige Kinder.

Grenzen schränken nicht nur ein. Sie bieten auch einen Raum an, der voll ausgenutzt werden kann. Das Kind kann hier tatsächlich lernen, bis an seine Grenzen zu gehen. Diese Sichtweise kommt in der einfachen Forderung, dem Kind Grenzen zu setzen, nicht zum Ausdruck. Erst wenn das Kind gelernt hat, den Raum, der ihm durch notwendige Grenzen abgesteckt wird, voll zu nutzen, wird es auch die dazugehörigen Grenzen akzeptieren lernen. Statt einem Kind einfach „Grenzen zu setzen", ist es die Aufgabe der Lenkung durch die Eltern, das Kind zu befähigen, notwendige Grenzen positiv zu nutzen.

Die Selbstständigkeit des Kindes sollte das oberste Ziel aller Erziehung sein. Das beinhaltet die Forderung, dem Kind mit zunehmendem Alter mehr Entscheidungsräume zu überlassen und mehr Freiheit, seine Lebensführung selbst zu bestimmen. Es wäre Aufgabe der Eltern, solche Bereiche auszuwählen, in denen es die Folgen seines Verhaltens deutlich fühlen, aber zugleich auch tragen kann. Eine solche Regelung muss auch dann gelten, wenn die Eltern völlig andere Vorstellungen vom Ergebnis dieser Selbstständigkeit haben. Ein klassisches Trainingsfeld ist z. B. die Ordnung im Kinderzimmer.

In *Jacobs* Geschichte treten im Gespräch zwischen Eltern und Erzieherinnen nur seine negativen Verhaltensweisen zutage. Was Jacob für individuelle Fähigkeiten besitzt und wie diese durch die Eltern gefördert wurden, vor allem, wie Jacob angeleitet wurde, den Raum innerhalb der ihm gesteckten Grenzen zu nutzen, bleibt verborgen. *Jacobs* Grenzen im Geschäft wären die Taschen der Kunden gewesen. Wollte er diesen Raum aber voll erkunden, wäre es notwendig gewesen, die Kunden um Erlaubnis zu fragen. Damit hätte er gleichzeitig gelernt, enge Grenzen auszuweiten, aber notwendige Grenzen zu akzeptieren. Jacobs Verhalten ist geradezu gekennzeichnet durch das ständige Überschreiten von Grenzen in vielen Lebensbereichen. Dazu gehört, dass er nicht verlieren kann, die Bautätigkeit der Kinder im Kindergarten zu stören, alles haben zu wollen, was er haben möchte, Kinder beim Spiel zu stören, Kinder zu verletzen und vieles andere mehr. Alle diese Grenzverletzungen führen dazu, dass Jacob von außen Grenzen gesetzt werden, die ihn dann in seinen elementaren Bedürfnissen einschränken, wie das Pflaster auf dem Mund, das Einsperren in einen kleinen Raum, die Weigerung der Kinder, mit ihm zu spielen, um nur einige zu nennen.

Lenkung kann Orientierungshilfe und Sicherheit, aber auch Zwang und Unselbstständigkeit bedeuten.

Die Balance zwischen diesen Polen zu halten, ist für Eltern und Erzieher eine sehr schwierige Aufgabe. Immer wieder wird es darüber zu Konflikten kommen. Eltern greifen zur Lenkung des Kindesverhaltens weniger zu den unterstützenden, aber häufiger zu gegenwirkenden Maßnahmen wie Tadeln, Drohen, Schimpfen, Bloßstellen, Missachten und anderen Arten von Strafen.

Schaut man genauer hin, kann, altersabhängig und abhängig von der Selbstständigkeit des Kindes, starke Lenkung als solche schon wie eine Strafe erlebt werden. Sie beinhaltet zumeist eine starke Einschränkung des Kindeswillens, enthält wenig für das Kind erkennbare Wertschätzung, ist im Extremfall deutliche Geringschätzung und zeigt oft auch wenig emotionale Wärme, eher Kälte. Sie verbirgt die wahren Gefühle der Eltern und ist eher durch Nicht-Verstehen als durch Verständnis für die Bedürfnisse des Kindes gekennzeichnet. Sie ist Bestrafung in vielen Variationen.

Alle negativen Auswirkungen, die mit Strafe verbunden sein können, können sich daher ebenso bei starker Lenkung zeigen. Es gibt wenig Eigeninitiative des Kindes, es entstehen Unsicherheit und Angst, Frustration und Aggression. Das sind wiederum solche Verhaltensweisen, die weitere Strafen provozieren.

Ähnliche Wirkung wie sehr starke Lenkung kann das gegenteilige Erzieherverhalten haben. Das ist eine erzieherische Haltung, die dem Kind sehr wenig Orientierungshilfe durch Lenkung gibt. Das Kind kann im Wesentlichen machen, was es will. Nur selten greifen die Eltern ein und überlassen es zumeist sich selbst und seinen Wünschen: So entsteht Unzufriedenheit und Frustration, weil durch die fehlende Orientierung zu wenig emotionale Sicherheit vorhanden ist. Das Verhalten des Kindes und oft auch das der Eltern ist wechselhaft, wenig von den Bedürfnissen des Kindes bestimmt, eher von zufälligen Gegebenheiten der Eltern. Die Stimmung des Kindes ist oft gereizt, weil zwar Ansätze zu Aktivitäten vorhanden sind, es aber kaum zu brauchbaren Ergebnissen kommt.

Daher können sich auch hier Auswirkungen ähnlicher Art beim Kind zeigen, wie sie bei der starken Lenkung durch die Eltern beobachtet werden: hohe Unzufriedenheit, Frustration, Vermeidungsverhalten, Rückzug, Aggressionen, wenn die eigenen Bedürfnisse zu wenig befriedigt werden können.

Eine sichere, emotional warme Bindung zu den Eltern kann schwerlich entstehen. Nicht einmal Strafen fehlen, sie sind subtiler und wenig bewusst erkennbar. Die Tatsache selbst, dass positive oder negative Erfahrungen sehr von Zufällen abhängig sind, kann für das Kind bereits die Wirkung eines Strafreizes haben.

Noch größere Unsicherheit ergibt sich allerdings durch einen ständigen Wechsel zwischen starker Lenkung und Nachgiebigkeit. Sie vereint sowohl die unangenehmen Folgen der starken wie auch der schwachen Lenkung und ist immer zugleich in einen Kreislauf von Belohnung und Bestrafung eingebunden, mit all seinen negativen Folgen (Seite 61ff). Die Entwicklungsgeschichte Jacobs ist dazu ein beredtes Beispiel.

3. Kapitel

Kinder lernen aus den Folgen ihres Verhaltens[7]

Verhalten ist „Erfahrungssache" – Lernen durch positive und negative Erfahrung

Celine

Celine, 9 Jahre alt, war nach Auffassung ihrer Mutter kein sehr ordentliches Kind. Ständig ließ sie ihre Sachen irgendwo in der Wohnung liegen. In ihrem Kinderzimmer sah es oft wüst aus. Immer wieder musste die Mutter Essensreste und verschmutztes Geschirr aus dem Zimmer entfernen. Alles Schimpfen ihrer Mutter und ihres Vaters half nicht. Dabei konnte die Mutter eine solche Unordnung selbst nur sehr schlecht ertragen. Schon früh fühlte sie sich genötigt, hinter Celine herzuräumen. Wenn die Mutter Celines Zimmer nicht aufräumte, konnte sie dort keinen Fuß vor den anderen setzen. Seit etwa einem Jahr versuchten die Eltern nun mit aller Anstrengung, Celine dazu zu bewegen, ihre eigene Unordnung selbst zu beseitigen. Als der Druck auf Celine größer wurde, bemühte sie sich anfangs auch. Jedoch konnte man das Ergebnis der Auffassung ihrer Mutter nach nicht Aufräumen nennen. Immer wieder musste sie die verbliebenen Reste beseitigen. Celine hingegen behauptete, sie würde sich ja bemühen, aber sie könne ihrer Mutter ja sowieso nichts recht machen, immer habe die Mutter an Celines Ordnung „etwas zu meckern". Im Laufe dieses letzten Jahres nun wurde es immer schlimmer mit Celines Unordnung. Zuletzt reagierte sie praktisch gar nicht mehr, ging, wenn die Mutter wieder etwas auszusetzen hatte, schnell in ihr Zimmer und hörte Musik. Der Mutter blieb nur die Hoffnung, dass man ihrer Tochter wenigstens in der Schule etwas Ordnung beibringen würde.

Als Antwort auf die Frage, ob Verhalten angeboren oder aber durch Erfahrung, also durch Erziehung und andere Einflüsse der Lebenswelt des Kindes erworben wird, konnte gezeigt werden, dass *jeder Aufbau einer neuen Verhaltensweise, jede Festigung und jede Änderung von Verhaltensweisen, die nicht durch genetische Ausstattung wie Reifungsprozesse, Hormone und nicht durch Krankheit im weiteren Sinne hervorgerufen werden, das Ergebnis von Erfahrung sind. Erfahrung aber ist das Ergebnis von Lernprozessen.* Dabei haben grundlegende primäre und sekundäre Bedürfnisse[8] des Menschen eine wichtige Steuerungsfunktion für die Entwicklung und Ausgestaltung entsprechender Verhaltensweisen.

Wenn Celine, weil sie Durst hat, Kakao trinkt, charakterisiert der *Durst* ein primäres Bedürfnis, Nahrungstrieb. Die Art und Weise, *wie* sie ihren Durst stillt, der Durst auf *Kakao*, das Füllen des *Bechers*, ihr Wunsch, den Kakao in ihrem *Kinderzimmer* zu trinken usw. sind auf sekundäre, gelernte Bedürfnisse, Motive, zurückzuführen. Das trifft für die meisten menschlichen Verhaltensweisen zu: für alle neuen, bisher nicht beobachteten Verhaltensweisen; für Gefühle wie Freude, Angst- und Furchtreaktionen, Aggression; für Gewohnheiten, Fertigkeiten und Interessen; für die „Instrumente“ der Verhaltenskontrolle wie „Gewissen“, „Verantwortung“, „Verzicht“; für Einstellungen und Werturteile; für Sprache, Kommunikationsformen; Rollen und Rollenerwartungen und viele andere mehr.

Jede Art der Bedürfnisbefriedigung jedoch, das ist universell zu beobachten und gilt sowohl für den Menschen wie für das Tier, folgt der Tendenz, unangenehme, unlustbetonte Erfahrungen zu vermeiden und angenehme, lustbetonte[9] Erfahrungen zu suchen und zu wiederholen. Auf diese Weise entsteht bereits in den ersten Tagen nach der Geburt das zuvor beschriebene (Seite 40f) positive Wechselverhältnis zwischen Mutter und Kind. Emotionale Wärme, Wertschätzung und Verstehen sind generell für Neugeborene solche lustvollen, angenehmen Erfahrungen. Wenn diese dann noch aus der wechselseitigen Kommunikation, an der das Neugeborene ja bereits aktiv beteiligt ist, entstehen, speichert das junge Gehirn diese auch als erfolgreiche, angenehme und lustvolle Erfahrungen, gekoppelt an bestimmte Verhaltensweisen. Absolut erfolglose Verhaltensweisen, solche, die trotz häufiger und umfangreich variierter Versuche nicht zur Befriedigung eines aktuellen Bedürfnisses führen, werden aufgegeben. Das gilt zumindest für psychisch gesunde Individuen.

Von der Entwicklung des Kindes, seiner genetischen Ausstattung, seinen Bedürfnissen, seinen positiven oder negativen Erfahrungen hängt zukünftig ab, was ein Kind als lustvoll und angenehm oder unangenehm empfindet. Trotz allgemein verbreiteter Grundtendenzen bleibt jeder Mensch in dieser Empfindung ein individuelles Wesen.

Die meisten Eltern werden die Situation kennen: Während die Mutter die Lebensmittel im Zimmer Celines als unangenehm empfand, hatte Celine offenbar ganz andere Empfindungen. Sie fühlte sich durch die Lebensmittel nicht gestört, empfand hingegen das „hinter ihr her Räumen" durch die Mutter als unangenehm, ganz besonders deshalb, weil sie, neben der Tatsache, dass sie nicht gern aufräumte, in ihren Bemühungen Ordnung zu halten, keinen Erfolg sah. Es war für sie eine unangenehme Erfahrung, es der Mutter nicht recht machen zu können.

Für Celines Mutter hatte die Unordnung ihres Kindes diesen unangenehmen Charakter. Sie fühlte sich genötigt, ständig hinter ihrem Kind her zu räumen. Auf diese Weise erreichte sie wenigstens ihr wichtigstes Ziel, Ordnung nach ihrer Vorstellung zu schaffen. Ordnung nach elterlichen Vorstellungen ist aber eine Kategorie der Erwachsenen. Darauf zu warten, dass sich ihre Tochter langsam mit zunehmendem Alter, positivem Beispiel und Unterstützung der Eltern sowie zunehmender Vernunft den elterlichen Ordnungsvorstellungen angleichen würde, dazu fehlte der Mutter offenbar die Geduld. Schließlich gab sie wegen der Erfolglosigkeit ihrer Anstrengungen auf und hoffte auf die Ordnungskraft der Schule.

Celines Flucht in ihr Zimmer wiederum wurde von ihr offenbar als angenehm empfunden. Sie hatte gelernt, sich den unangenehmen Erfahrungen der mütterlichen Ordnungsbemühungen zu entziehen und sich stattdessen angenehme Erfahrungen zu verschaffen, indem sie ungestört in ihrem Zimmer Musik hörte. Auch ihre Mutter lernte, dass ihre Bemühungen, Celine auf diesem Weg zur Ordnung zu erziehen, erfolglos waren und dass ihre Ordnungswünsche nicht durch ihre Tochter realisiert werden konnten. Sie musste selbst dafür sorgen.

Schlüssel und Schloss – Die Rolle des elterlichen Verhaltens

Ein weiterer wichtiger Zusammenhang zeigt sich am oben dargestellten Beispiel von Celines Verhalten. Celine, so sieht es ihre Mutter, ist kein sehr ordentliches Kind. Damit fällt der Blick des Betrachters augenblicklich auf das Verhalten von Celine, und vielleicht kommt Unwillen auf, weil Celine sich nicht darauf einlassen will, gewissen Ordnungsvorstellungen nachzukommen, die mehr oder weniger als allgemeine Norm angesehen werden können. Sehr schnell wird der „Fehler" im Verhalten von Celine gesucht. *Celine* ist diejenige, die den Erwartungen nicht genügt. Aber was ist mit dem Verhalten ihrer Mutter? Sieht man die Veröffentlichungen durch, die es in großer Zahl in den letzten Jahren über Kinder gibt, die den Eltern Sorgen bereiten, ist festzustellen, dass es unendlich viele Beschreibungen des Verhaltens dieser Kinder gibt. Wohl ist überall von den Sorgen und Nöten der Eltern zu lesen. Hingegen finden sich Beschreibungen des elterlichen Verhaltens nahezu gar nicht. Und doch ist das Verhalten der Eltern und Erzieher nahezu immer ein Schlüssel zum Verständnis des Verhaltens der Kinder. Soziales Verhalten ist immer wechselseitiges Verhalten. Was könnte die Mutter im Falle von Celine zur Entwicklung der Verhaltensweisen ihrer Tochter beigetragen haben?

Wird von der Voraussetzung ausgegangen, dass erfolgreiche, angenehme Verhaltensweisen, solche mit subjektiv als angenehm erfahrenen Folgen, aufgebaut und weiterentwickelt und erfolglose oder solche mit unangenehmen Folgen, aufgegeben werden, zeigt sich folgendes Bild: Die Mutter kann Unordnung nur sehr schlecht ertragen. Irgendwann in ihrer persönlichen Geschichte hat sie ein starkes Bedürfnis nach einer bestimmten Ordnungsform entwickelt. Früh schon räumte sie die Sachen weg, die Celine achtlos liegen ließ. Das Kinderzimmer räumte die Mutter ebenfalls immer auf. Daraus ergibt sich, dass Celine schon sehr früh lernte, ihre Unordnung durch die Mutter beseitigen zu lassen, eine für Celine sehr angenehme Erfahrung. Als der Druck der Eltern auf Celine stärker wurde, ihre Unordnung nun selbst zu beseitigen, versuchte sie es zunächst nach ihren eigenen, kindlichen Maßstäben, die der Mutter aber nicht genügten. Obwohl das Kind nun aufräumt, stellt es fest, dass die Mutter sich genauso verhält wie vorher. An diesem Maßstab gemessen, waren ihre eigenen Bemühungen, Ordnung zu schaffen, sinnlos, denn an der Kritik der Mutter, die sich im Hinterherräumen zeigte, änderte sich nichts. Im Gegenteil, ihre Bemühungen waren sogar von recht negativen Folgen begleitet. Weshalb sollte Celine eine sinnlose Tätigkeit weiter ausüben, die ihr zudem obendrein auch noch Mühe machte und deren Sinn das Kind insofern nicht einsah, als es die Unordnung überhaupt nicht störte? Für Celine hatte das Hinterherräumen der Mutter den Charakter einer *Bestrafung*, da sich das Kind bemühte, aber die Mutter ihr kritisches Verhalten beibehielt. Da Strafe eine unangenehme Konsequenz für den Betroffenen ist, versucht dieser, der Strafe zu entgehen. Celine konnte ihr entgehen, indem sie in ihrem Zimmer verschwand und von ihrer Mutter dort auch in Ruhe gelassen wurde.

Die Flucht in ihr Zimmer bescherte dem Mädchen zudem noch eine weitere überaus positive Erfahrung, sie konnte in Ruhe ihre Musik hören. Musik ist für Kinder eine „Quelle höchst angenehmer Empfindungen“ (Eliot 2002, 371). Wundert es da, dass Celine bald ihre Aufräumversuche vollständig einstellte und sich regelmäßig in ihr Zimmer „verzog“?

Es bleiben Fragen zum Verhalten der Mutter. Was ging in ihr vor? Die Mutter verpasste offenbar den Zeitpunkt, an dem Celine hätte angeleitet werden müssen, selbst Verantwortung für ihre Ordnung zu übernehmen. So blieb der Mutter nur der Weg, Celine zu kritisieren und, als diese Kritik nicht half, die Ordnung selbst herzustellen. Dadurch erreichte sie, wenigstens vorübergehend, den von ihr gewünschten Zustand einer bestimmten Ordnung. Später wurde den Eltern wohl auch das Hinterherräumen zu viel. Sie versuchten mit mehr Druck, ihre Tochter zu einem anderen Verhalten zu bewegen. Da das aber nach Auffassung der Mutter auch nicht den gewünschten Erfolg zeigte, ja Celine letztlich dazu bewegte, das Aufräumen ganz zu lassen und sich in ihr Zimmer zurückzuziehen, gab die Mutter auf und hoffte darauf, die Schule würde nun einen Teil ihrer Erziehungsaufgabe übernehmen.

In den meisten Fällen steht, wenn Erziehungsschwierigkeiten auftreten, das Verhalten des Kindes im Mittelpunkt der Aufmerksamkeit der Eltern. Sie wünschen, dass sich das Verhalten des Kindes ändert. Gibt es für extreme kindliche Verhaltensweisen, wie *Jacob* sie zeigte, keine offenkundige Erklärung mehr, wird nicht selten das Kind als krank bezeichnet oder gar ein genetischer Defekt vermutet. Tatsächlich ist aber, betrachtet man das Verhalten von Kind und Eltern gemeinsam, oft das Verhalten des Kindes eher als ein „Seismograph" zu verstehen, der auf elterliche Verhaltensweisen zurückweist, wie das Beispiel von Celine zeigt. Kindliche und elterliche Verhaltensweisen passen zueinander wie der Schlüssel zum Schloss. Es ist eine gegenseitige Abhängigkeit der Verhaltensweisen von Familienmitgliedern festzustellen. Wollen die Eltern das Verhalten ihres Kindes ändern, ist der Blick auf ihr eigenes Verhalten dringend notwendig. Diejenigen Eltern haben insofern die größte Chance zu einer gelungenen Verhaltensänderung ihres Kindes, die beginnen, ihr eigenes Verhalten kritisch zu betrachten und zu ändern. Damit räumen sie ihrem Kind ebenfalls die Chance einer Verhaltensänderung ein, die es ohne die Änderung des Elternverhaltens nicht hat.

Belohnen oder Bestrafen?

Kirsten

Die neunjährige Kirsten hat an der musikalischen Früherziehung teilgenommen. Ihre musikalischen Fähigkeiten wurden als besonders gut und förderungswürdig festgestellt. Kirsten ging sehr gern in die Musikschule und nimmt jetzt Geigenunterricht. Auch das macht sie sehr gern, weil sie schon gute Fortschritte gemacht hat und die Geige bereits gut beherrscht. Die Eltern erzählen den Großeltern immer stolz von Kirstens Fortschritten, die auch von ihnen anerkannt werden. Kirsten genießt dadurch auch eine gewisse Sonderstellung. Sie steht oft im Mittelpunkt des Gespräches ihrer Eltern mit deren Freunden. Mitunter darf sie dem Unterricht in der Schule fernbleiben und bei Konzerten des kleinen Gemeindeorchesters mitwirken. In Musik hat sie in der Schule immer gute Noten.

Seit einiger Zeit gibt es Schwierigkeiten in der Schule. In Mathematik und Englisch war Kirsten nie besonders gut, beide Fächer bereiten ihr keine Freude, und sie hat Mühe, einen gewissen Standard in der Leistung zu halten. Aber dann wurden die Noten in beiden Fächern schlechter. Kürzlich beklagte sich zudem auch der Musiklehrer über Unaufmerksamkeiten beim Üben. Bei der Vorbereitung der Geigenstunde hapert es öfter.

Oft schon haben die Eltern mit Kirsten darüber gesprochen, ihr auch Vorhaltungen gemacht, aber das Mädchen sagt immer nur, sie wüsste auch nicht, wo der Leistungsabfall herkäme. Sie sei eben in Mathe und Englisch nicht so gut. Die Eltern sollten sie doch endlich in Ruhe lassen, sie würde schon wieder auf die Beine kommen, es müssten ja nicht immer die besten Noten in allen Fächern sein. Besonders beim Geigespielen strenge sie sich ja an. Das sei ihnen eben nicht genug, antworteten die Eltern.

Dann machte Kirsten bei einem Konzert einen Fehler. Verwandte und Freunde, die mit den Eltern zum Konzert gegangen waren, schauten erstaunt zu den Eltern hinüber. Nach dem Konzert gab es Streit zwischen Kirsten und ihren Eltern. Die Eltern machten Kirsten heftige Vorwürfe, auch wegen des Leistungsab-

falls in der Schule. „Wenn du nicht alles kannst, musst du eben das Geigespielen aufgeben. Die Schule ist wichtiger." Und: „Passiert das noch einmal, gibst du das Geigespielen auf." Das waren genau die Vorwürfe und die Drohung, vor denen Kirsten sich gefürchtet hatte. Sie wusste, die Eltern würden ihre Drohung wahrmachen. Kirsten fühlte sich ungerecht behandelt. Sie fing an zu weinen und schrie ihre Eltern zornig an: „Wenn ihr mir das Geigespielen verbietet, tue ich in der Schule gar nichts mehr." Das wollten die Eltern sich nicht gefallen lassen und ordneten an, Kirsten habe nun jeden Tag eine halbe Stunde länger für Mathe und Englisch zu arbeiten und ebenfalls eine halbe Stunde länger Geige zu üben. Wütend antwortete Kirsten, sie dächte gar nicht daran, den Eltern diesen Gefallen zu tun. Geige würde ihr Spaß machen, dafür lerne sie gern, aber für Mathe und English würde sie nicht noch mehr Zeit „opfern". Dann ging sie in ihr Zimmer.

Wie am Beispiel dieser Familie zu erkennen ist, gibt es zwei grundsätzlich unterschiedliche Richtungen der Verhaltensbeeinflussung. Oben ist ausgeführt worden, dass Verhaltensweisen gefestigt und aufgebaut werden, wenn sie erfolgreich sind oder andere positive, angenehme Folgen haben. Umgekehrt werden Verhaltensweisen abgeschwächt und unterlassen, wenn sie erfolglos sind oder entsprechend negative, unangenehme Folgen haben.

Diesen Umstand können sich Eltern und Erzieher zunutze machen, in dem sie gewünschtes Verhalten von Kindern positiv unterstützen und so verstärken. Die bekanntesten Fälle solcher positiver Unterstützung sind Lob und Belohnung. Sie können aber auch gegen eine Verhaltensweise angehen und so dafür sorgen, dass sie, im günstigen Fall, durch Gegenwirkung unterlassen wird. Der bekannteste Fall einer solchen gegenwirkenden Maßnahme ist die Strafe.

Kirsten ist sehr erfolgreich gewesen, hat viel Lob und Anerkennung erhalten, sowohl von ihren Lehrern in der Musikschule als auch von ihren Eltern und Verwandten, insbesondere den Großeltern. Sie war hoch motiviert.

Aber nicht nur für Kirsten war die kleine „Karriere“ eine angenehme Erfahrung. Auch für Kirstens Eltern hatte das Verhalten ihrer Tochter angenehme, positive Folgen. Es machte ihnen Freude, zuzusehen, wie ihre Tochter langsam eine erfolgreiche kleine Geigenspielerin wurde. Auch sie selbst erlebten Lob und Anerkennung für das Können ihrer Tochter. Daher unterstützten sie diese in ihren Bemühungen.

So baute sich langsam eine musikalische Begabung bei Kirsten auf.

Einen Bruch bekam diese Unterstützung durch die Eltern, als die schulischen Leistungen nachließen. Die Eltern erlebten nun, dass Kirstens Verhalten in der Schule zu Kritik Anlass gab. Zu alledem war der Musiklehrer in der letzten Zeit mit der Konzentrationsfähigkeit beim Geigespielen auch nicht mehr ganz zufrieden. Diese Entwicklung führte zu Spannungen zwischen den Eltern und Kirsten. Sie machten ihr Vorhaltungen. Dann geschah Kirsten der Fehler im Konzert. Die Erfahrung, von allen Freunden, die mit im Konzert waren, und von denen die Eltern sich insgeheim wieder Lob für ihre begabte Tochter erhofft hatten, fragend angesehen zu werden, wurde von ihnen als äußerst unangenehm erlebt. Sie fühlten sich in diesem Moment für den Fehler ihrer Tochter regelrecht bestraft. Die nachlassenden Leistungen in der Schule waren ihnen schon längere Zeit ein Dorn im Auge und ebenfalls kein angenehmes Erlebnis. Insofern hatte das Verhalten Kirstens in der jüngsten Zeit für die Eltern unangenehme Folgen. Sie nahmen sich vor, Kirstens Verhalten der Unkonzentriertheit und Nachlässigkeit zu beenden.

Bei Kirstens musikalischen Leistungen ist klar zu erkennen, dass diese langsam aufgebaut und gefestigt wurden durch erfolgreiches Üben, Lob, Belohnungen und Anerkennung von Seiten aller Beteiligten. Obwohl erfolgreiches schulisches Lernen, auch in den Fächern Mathematik und Englisch, nach den gleichen Prinzipien erfolgt, ist davon in Kirstens Fall nichts zu entdecken. Statt nach den Ursachen zu forschen, wie die plötzlichen Leistungsschwächen in beiden Fächern bei Kirsten entstanden sind und den Versuch zu wagen, sie mit Hilfe erfolgreichen Übens unter Einsatz von Lob, Belohnung und Anerkennung für geleistete Arbeit, auch bei kleinen Fortschritten, zu steigern, versuchen die Eltern eher, Kirstens schwächere Leistungen in der Schule mit dem drohenden Entzug der guten Leistungsfähigkeit auf einem anderen Gebiet und ihre Konzentrationsschwäche mit formal gesteigerten Übungszeiten auszugleichen.

Während Kirstens Geigespielen bisher durch *positive Unterstützung* und *Verstärkung* aufgebaut und gefestigt wurde, versuchten nun ihre Eltern, die Nachlässigkeit in der Schule und beim Geigespielen durch *gegenwirkende Maßnahmen* zu verändern. Sie kritisierten ihre Tochter scharf und setzten sie durch die Forderung nach verlängerter Übungszeit für die Schule stark unter Druck. Beides erlebte Kirsten als eine ungerechtfertigte starke Bestrafung, der sie sich auf jeden Fall entziehen wollte.

Der fatale Kreislauf der positiven und negativen Folgen

Eine andere Erfahrung als Kirsten durch ihr Geigenspiel musste Jacob mit vielen seiner Verhaltensweisen machen.

Schlafen, Essen, Anziehen, zahlreiche seiner Alltagsaktivitäten haben für *Jacob* einen *negativen* Nacheffekt. Das gilt auch für seine Mutter. Das Alltagshandeln ist immer mit Stress, Schimpfen und Strafe für Mutter und Sohn, einer genervten Mutter und einem aggressiven Sohn, verbunden. Allein der Gedanke an diese Aktivitäten löst bei beiden unangenehme Gefühle aus.

Der Gedanke an seine Erzieherin im Kindergarten ist ihm ebenfalls unangenehm: „Die mag mich nicht", sagt er, „die sperrt mich ein." Mit den Kindern in der Einrichtung ist das nicht anders: „Die wollen nicht mit mir spielen." Dass Jacob dieses Verhalten zumindest mitverursacht hat, geht ihm nicht ein, ist aber für seine Erfahrung zunächst von untergeordneter Bedeutung. Wichtig ist hier, dass nahezu alles, was er macht, für ihn mit unangenehmen Folgen verbunden ist. Wie kann er da zu einer positiven, bejahenden Haltung kommen? Das scheint ausgeschlossen.

Jacob hat gelernt, die Versuche seiner Eltern, ihm Grenzen zu setzen, durch sein Verhalten zum Scheitern zu bringen. Wenn die Mutter ihm aufgibt, eine halbe Stunde in seinem Zimmer zu verbringen, darf er das Zimmer nach kurzer Zeit schon wieder verlassen, weil sie seiner Forderung, wieder an den Tisch zu kommen, nicht standhalten kann. Durch das Nachgeben erfährt Jacobs Verhalten erneut positive Folgen.

Jacobs Lernerfahrungen gehen in die falsche Richtung. Häufig hat genau das Verhalten für ihn angenehme Folgen, das als sozial ungewünschtes Verhalten bezeichnet werden muss und Jacob selbst daran hindert, sich einzufühlen, seine Bedürfnisse in angemessener Weise zu befriedigen und diejenigen zurückzustellen, die ihm selbst oder seinen Bezugspersonen und Spielgefährten schaden. Hier müssten ihm klare Grenzen gesetzt sein, die auch durch seine Eltern und Erzieher eingehalten werden. Hingegen ist aus der Schilderung nicht zu erkennen, an welcher Stelle sozial gewünschtes Verhalten unterstützt wird. Solches Verhalten zeigt Jacob bei seinem Spielverhalten an seinem Geburtstag und mit seiner Einfühlsamkeit gegenüber verletzten Kindern.

Wenn Strafe als negative Folge Fehlverhalten abbauen kann, warum gelingt es bei Jacob nicht?

Strafe legt nur fest, was nicht getan werden darf. Eine positive Orientierung, was stattdessen zu tun ist, kann sie nicht oder nur in Ausnahmefällen geben. Aber vor allem fehlt ihr das, was für den Aufbau von Verhalten unumgänglich wichtig ist, das Erfolgserlebnis. Strafe signalisiert immer Misserfolg, weil sie ein unangenehmer, ein „aversiver" Reiz ist, eine Erfahrung, die das Kind vermeiden möchte.

Wie am Beispiel von Kirstens Geigespielen zu erkennen war, bedürfen der Aufbau und die Festigung vor allem von sensiblen Verhaltensweisen der ständigen Übung, verbunden mit Erfolg, Anerkennung, Lob und Belohnung. Mit Strafe ist ein solches Verhalten nicht aufzubauen. *Aber Strafe kann dem Kind eine Abwei-*

chung von notwendigen sensiblen Verhaltensweisen signalisieren, eine Grenze aufzeigen, wo es von zulässigen Verhaltensweisen abweicht. Sie kann Grenzen aufzeigen, die von einem Kind beachtet werden müssen, soll nicht ein größerer Schaden entstehen.

Was macht dagegen ein Kind, dem immer wieder und wieder nur Grenzen aufgezeigt werden und das nie die Möglichkeiten kennen und nutzen gelernt hat, die *innerhalb* dieser Grenzen liegen? Was kann ein Kind tun, das primär negative Folgen seines Handelns, statt positiver, angenehmer Folgen erlebt? Ein Kind wie Jacob hat gelernt, mit den *Schäden* zu leben, die es anrichtet, statt mit seinen Erfolgen. Aber wieso?

Dazu ein Beispiel aus Jacobs Lerngeschichte:
Jacob wollte nicht allein schlafen. Innerhalb der ersten Wochen lernt ein Kind, sich an einen Tag-Nacht-Rhythmus zu gewöhnen (Eliot 2002, 121). Dann ist die Zeit gekommen, dem Baby zu helfen, in seinem eigenen Bettchen in Ruhe zu schlafen. Langsam, mit Hilfe unterstützender Maßnahmen lernt es, sich in seinem Bett wohl zu fühlen. Dazu braucht das Kind Vertrauen und Zuversicht seiner Mutter und seines Vaters, weil das Vertrauen und die Zuversicht eines Kindes zunächst im Vertrauen und in der Zuversicht seiner Mutter bzw. seiner Eltern ruhen. Diese Basis wird zerstört, wenn die Eltern sich in ihrem erzieherischen Handeln uneins sind oder gar Streit haben. Allein in seinem Bett zu schlafen war daher für Jacob schon früh mit einem unangenehmen Nacheffekt verbunden, mit Unruhe, Unsicherheit, Uneinigkeit, unterschiedlichem Verhalten von Mutter und Vater.

Wenn ein Elternteil das Kind einmal aufnimmt oder auch nur zu ihm geht, wenn es schreit, es ein anderes Mal jedoch nicht aufnimmt, nicht zu ihm geht, wirkt das Zu-ihm-Gehen oder Aufnehmen für das Kind wie eine Belohnung seines Schreiens im Sinne eines positiven, angenehmen Nacheffektes. Das Nicht-Aufgenommen-Werden aber wirkt wie eine Bestrafung, der das Kind entgehen will. Das gilt vor allem natürlich für eine Situation wie bei

Jacob. Ein Elternteil nimmt Jacob auf, der andere Elternteil nimmt das Kind nicht aus dem Bettchen. Stillsein wird bestraft: „Dann werde ich nicht aufgenommen." Schreien wird hingegen belohnt: „Dann werde ich aufgenommen." Die Folge dieser Situation für das Kind ist lauteres und andauerndes Schreien, bis es endlich aufgenommen wird. „Sein Geschrei hört man bis auf die Straße", schildert die Mutter.[10]

Der Unwille des Kindes, in seinem Bett zu schlafen, ausgedrückt durch heftiges Schreien, hat durch das Verhalten der Mutter noch in anderer Weise einen positiven Nacheffekt: Seine Mutter liest ihm etwas vor oder holt ihn, „wenn auch das nicht hilft", in ihr Bett und liest ihm dort etwas vor.[11]

Vermutlich unbewusst wird das von der Mutter nicht gewünschte Verhalten Jacobs, nicht allein in seinem Bett schlafen zu wollen, sie an Wochenenden viel zu früh zu wecken und ihr keine Ruhe zu lassen, durch die Folgen ihres Verhaltens aufgebaut und gefestigt. Hier beginnt ein Kreislauf, der bei Belohnung und Bestrafung häufig zu beobachten ist. Jacob schreit, die Mutter beruhigt ihn durch Vorlesen oder dadurch, dass sie ihn in ihr Bett holt und ihm dort vorliest. Jacob wird ruhig, das Geschrei hört auf. *Jacob hat gelernt, dass sein Schreien Erfolg bei der Mutter hat.* Er muss nicht mehr allein in seinem Bett liegen. Jacob wird weiter schreien, wenn er aufgenommen werden will. Die Mutter hingegen hat Erfolg in ihrer Bestrebung, Jacob zur Ruhe zu bringen. *Sie hat gelernt, dass Jacob durch Vorlesen ruhig wird und auch dann, wenn sie ihn in ihr Bett holt.* Sie wird Jacob in Zukunft wieder vorlesen oder in ihr Bett holen, wenn sie das Schreien von Jacob nicht mehr ertragen kann.

Der Kreislauf ist vollständig und wird auf diese Weise kaum unterbrochen werden können.

Der Kreislauf von Belohnung und Bestrafung:

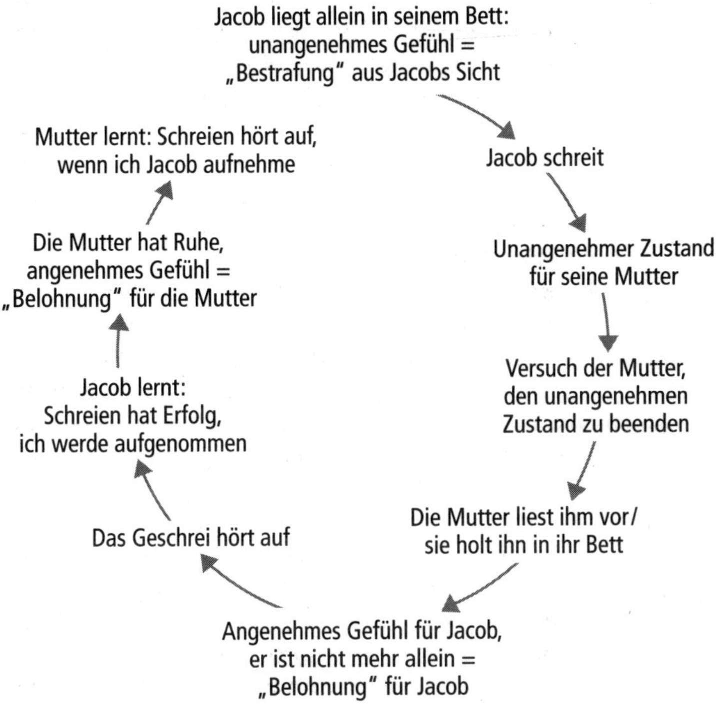

4. Kapitel

Der Umgang mit Strafe

Die Schwierigkeiten im Umgang mit der Strafe

„***Strafe ist immer ein Akt des Hasses****. Wenn sie strafen, hassen die Lehrer oder die Eltern das Kind – und das Kind weiß das. Jene reumütige oder zärtliche Liebe, die das Kind seinen Eltern hinterher scheinbar entgegenbringt, ist nicht echt. In Wirklichkeit fühlt es Hass, den es verbergen muss, um keine Schuldgefühle zu haben. Die Schläge haben es nämlich in die Phantasie getrieben. … Schlimmer noch ist, dass die Strafe stets zu einem Teufelkreis führt. Im Prügeln äußert sich Hass, und jeder Schlag muss im Kind mehr und mehr Hass hervorrufen. Wenn es dann seinen stärkeren Hass in noch schlechterem Betragen zeigt, wird es wieder geschlagen. Und die neuen Prügel lassen im Kind noch mehr Hass reifen. Das Resultat ist ein kleines hassgeladenes Wesen, das sich schlecht beträgt, mürrisch und destruktiv und gegen Strafe so abgehärtet ist, dass es eine Missetat begeht, um bei seinen Eltern irgendeine Gefühlsreaktion auszulösen. Denn wenn es schon keine Liebe bekommt, dann will es wenigstens den Hass. Und so wird das Kind geschlagen – und dann bereut es. Doch am nächsten Morgen beginnt das gleiche alte Spiel von vorn. … Wenn Strafen je Erfolg hätten, dann könnte man Argumente dafür anführen. Es ist wahr, durch Furcht kann man einschüchtern, wie jeder ehemalige Soldat bestätigen wird. Wenn sich Eltern mit einem Kind zufrieden geben, das durch Furcht seelisch völlig gebrochen ist, dann ist Strafen für solche Eltern natürlich erfolgreich*“ (Neill 1969, 164–172).[12]

Strafen die Eltern wirklich, weil sie ihr Kind hassen?

Der Text von Neill hat großen Einfluss auf die Diskussion um die Strafe in der Erziehung ausgeübt. Er steht in der Tradition der antiautoritären Erziehung, die etwa ab Mitte der sechziger Jahre die Strafe in der Erziehung vollständig ablehnte. Strafe bedeutet nach diesem Text für Neill, das Kind zu *„schlagen"* und zu *„prügeln"*. Durch die Furcht vor Strafe aber werde das Kind *„seelisch völlig gebrochen"*. Strafen haben also nach diesem Text von Neill keinen Erfolg. Sie führen im Gegenteil zu einem Ergebnis, welches Erziehung doch gerade verhindern soll.

Viele Erzieher haben sich diese Sichtweise zu eigen gemacht und wollen mit Strafe nichts mehr zu tun haben. An ihre Stelle sollen andere Maßnahmen treten wie „natürliche" oder „logische" Folgen und das Instrument der „Wiedergutmachung". Viele gehen offenbar auch davon aus, dass grundsätzlich eine „sanktionsfreie" Erziehung, auf jeden Fall aber eine straffreie Erziehung möglich und anzustreben ist. Dort, wo eine solche sanktions- und straffreie Erziehung nicht praktiziert wird, ist das, nach Bussmann und Horn, nicht auf erzieherische Notwendigkeiten, sondern auf „emotionale" und „affektive" Ausrutscher der Eltern zurückzuführen, obwohl, wie die Autoren anklingen lassen, es vielleicht akzeptiert werden muss, dass ein „gewisses Gewaltniveau eine unvermeidliche Konsequenz des intimen Zusammenlebens von Eltern und Kindern darstellt" (Bussmann/Horn in Bastian 1995, 40).

Wenn schon eine „gewaltfreie" Erziehung in der Familie tatsächlich nicht möglich sein sollte, wie könnte es dann eine sanktionsfreie Erziehung sein, die den Aspekt der Gewalt nicht einmal zwingend beinhalten muss? Könnte es sein, dass eine sanktions- und straffreie Erziehung weder möglich noch für die persönliche und soziale Entwicklung des Kindes wünschenswert ist? Beinhalten Strafen in der Erziehung zwingend den Aspekt „Gewalt"?

Was ist Strafe?

Strafe oder Misshandlung?

***Marius**. Misshandlung – statt Strafe als Erziehungsmittel.*

Marius, 6 Jahre alt, wird in ein Geschäft geschickt, um für die Eltern ein Glas Rotkohl zu kaufen. Es ist schon kurz vor Geschäftsschluss und er muss sich beeilen. An der Kasse stellt er das Glas auf das Band und bezahlte mit dem passend ausgegebenen Geld seiner Eltern. Zu Hause angekommen, rutscht ihm das Glas beim Öffnen der Wohnungstüre aus der Hand und zerbricht im Hausflur am Boden. Der Vater, der sich gerade an der Garderobe zu schaffen machte, hört den Lärm, kommt vor die Tür und sieht die Bescherung. Er schreit das Kind sofort an: „Kannst du nicht aufpassen?" Am Vormittag war dem Jungen bereits ein Trinkglas aus der Hand geglitten und zersprungen, daher sagt der Vater noch: „Kannst du denn gar nichts vernünftig machen? Musst du alles, was du in der Hand hast, fallen lassen? Bist du zu dämlich, ein Glas Rotkohl zu kaufen?" Mit einem Blick auf die Uhr: „Die Geschäfte sind auch schon zu. Sieh bloß zu, dass du heute noch eine Trinkhalle findest, wo du ein Glas Rotkohl her bekommst, sonst lass dich heute Abend nicht mehr außerhalb deines Zimmers blicken." Als der Junge sich rechtfertigen und dem Vater zu verstehen geben will, dass er nicht weiß, wo er heute noch Rotkohl her holen soll, wird der Zorn des Vaters noch stärker, und er schreit ihn an, er solle gefälligst seinen Mund halten. Der Junge, der sich ungerecht behandelt fühlt und sich nicht aus der Situation zu helfen weiß, dreht sich zum Vater und streckt diesem vor Zorn und Verzweiflung hinter seinem Rücken die Zunge heraus. Das bekam der Vater aus einem Seitenblick gerade noch mit. „Warte, ich werde dich lehren, deinem Vater die Zunge herauszustrecken." Mit einem mittelschweren Kleiderbügel, den er zufällig vom Garderobenhaken noch in der Hand hielt, schlägt der Vater auf den Jungen ein, bis dieser sich in die Wohnung retten und sich hinter seiner Mutter verschanzen kann. Nach einigem Hin und Her kann die Mutter ihren Mann beschwichtigen. Um ihrem Mann in seinem Zorn ent-

gegenzukommen, schickt sie ihren Sohn in sein Zimmer und untersagt ihm, sich vor Ablauf von einer halben Stunde wieder sehen zu lassen. Marius hat eine Verletzung über seinem rechten Auge und blaue Flecken auf seinem Körper. Aber im Moment scheint das die Eltern wenig zu interessieren. So geht er in sein Zimmer und schließt sich ein.

Marius wird von seinem Vater, nach dessen Auffassung, bestraft, weil er ihm, was sich für ein Kind nicht gehört, die Zunge herausgestreckt hat. Vielleicht wäre die „Strafe" nicht so hart ausgefallen, wäre dem Jungen nicht neben dem Zerbrechen des Glases mit Rotkohl am Morgen bereits ein ähnliches Missgeschick passiert. Auch das, so hören wir den Vater, trägt offenbar zu seinem Ärger über den Jungen bei. Hier ist die „Strafe" als eine Antwort auf eine „Schuld" unterschiedlichster Art gedacht, auch als Sühne für das „Vergehen", dem Vater die Zunge herauszustrecken.

Soweit könnte es sich ja noch um eine Strafe des Vaters im traditionellen Sinne des Wortes handeln, wären da nicht einige Elemente, die es fraglich werden lassen, von „Strafe" zu sprechen.

Da ist zunächst die Frage nach der Funktion der Strafe. Sie soll, spricht man ihr eine Rechtfertigung zu, als Erziehungsmittel dienen, also dem jeweiligen, von den Eltern gesetzten Erziehungsziel förderlich und diesem untergeordnet sein. *Sie hat danach eine Steuerungsfunktion für das Verhalten des Kindes auf ein bestimmtes, bewusst oder unbewusst gesetztes Erziehungsziel hin.*

Das Kind wird durch die Strafe von der Wiederholung eines gezeigten, aber unerwünschten Verhaltens abgehalten. Nach traditioneller Meinung wird darüber hinaus durch sie auch eine „sittliche Läuterung" und eine Festigung des „Charakters" erreicht und bei schwerwiegendem Fehlverhalten sollen „Reue" und „Schuld" eingestanden werden.

Betrachten wir, moderner formuliert, Strafe als eine Möglichkeit, mit deren Hilfe Eltern einem Kind notwendige „Grenzen" setzen können, zeigen sich in ihr zwei Elemente, ein verhaltenssteuerndes und ein kommunikatives Element. Das wird deutlich in

Fällen, in denen Kinder keine Grenzen kennen. Solche Kinder schaden sich selbst und der Gemeinschaft, auf die sie angewiesen sind.

Aber geht es dem Vater von Marius bei seiner „Strafaktion" darum? Zunächst ist zu erkennen, dass der Vater seine eigene Wut, seinen Zorn und seine Enttäuschung, die sich in ihm angesammelt haben, an seinem Jungen abreagiert. Dieses Abreagieren ist in keiner Weise auf ein Erziehungsziel hin ausgerichtet, sondern dient dem Vater lediglich dazu, sich von seinem eigenen Gefühlsstau zu befreien. Der Vater, um es deutlich zu sagen, missbraucht also seinen Sohn zum Abbau seines Gefühlsstaues. Dabei ängstigt und beleidigt er ihn und weist ihm die Schuld am verdorbenen Abendessen zu. Die Eltern hätten das Übel leicht verhindern können, wenn dem Jungen eine Tasche für das Glas mitgegeben worden wäre.

Der Vater hörte dem Jungen nicht zu, als er sich zu rechtfertigen suchte. Er versuchte erst gar nicht, ihn weitersprechen zu lassen, fügte ihm stattdessen in nicht zu rechtfertigender Weise Schmerzen mit einem Gegenstand zu, den er zufällig in der Hand hielt. Er überzog damit die gebotene Strenge oder Konsequenz einer Maßnahme um ein Vielfaches, so dass das Kind sich völlig zu Recht ungerecht behandelt fühlte. Hätte der Vater auch hier mit mehr Zurückhaltung das Herausstrecken der Zunge verhindern können? Auch eine Drohung gegen das Kind war Bestandteil seines Verhaltens; aber musste die Mutter das Kind so spät bitten, etwas für das Abendessen einzuholen? Hier zeigt sich wieder, was auch bei Celines Mutter festgestellt werden konnte: Die Eltern von Marius verpassten Gelegenheiten, die ihnen geholfen hätten, ohne Strafe auszukommen, vom Ausmaß und der Stärke der Strafe ganz zu schweigen. Marius Vater betonte nicht die Stärken seines Kindes, sondern seine Schwächen und Fehler, er missbrauchte seine Stellung als Vater und seine Macht über das Kind, um seine Stellung zu festigen und dem Kind zu demonstrieren, dass nur das, was er zu sagen hat, gilt. Hier deuten sich auch psychische Verletzungen durch die Kommunikation mit Hilfe von Schlägen, Drohungen, Vorwürfen und Anschreien zunächst zwischen dem Vater und seinem Kind neben den körperlichen an. „Deine Meinung zählt nichts, die will ich nicht hören, die ist mir nicht wichtig, mir hast du zu gehorchen. Mit deiner Schuld, deinem Versagen musst du dich selbst auseinander setzen. Einsperren kann ich dich, wenn du widerspenstig bist." So weckt der Vater negative Gefühle in seinem Sohn, die einer positiven Beziehung zwischen beiden höchst abträglich sind.

Und die Mutter? Sie verweigert ihrem Jungen Kooperation und Hilfe, die ihm gut getan hätten nach der Misshandlung durch seinen Vater und schickt ihn dazu noch auf sein Zimmer. Damit sorgte sie für fehlende emotionale Sicherheit, die das Kind bei ihr suchte und gebraucht hätte, obwohl für den Jungen kein Grund für diese Distanz zwischen seiner Mutter, bei der er Schutz suchte, und ihm zu erkennen ist. Auch das ist eine vom Kind erlebte Art von Strafe, die die Mutter Marius ohne ersichtlichen Grund fühlen lässt. Sie unterliegt ebenso wenig einem Erziehungsziel wie das Verhalten des Vaters und wird allein von der Absicht der Mutter gespeist, ihrem Mann entgegenzukommen, um seinen Zorn nicht noch zu verstärken. Für die Gefühle des Kindes, seine körperlichen und seelischen Verletzungen, haben die Eltern in dieser Situation keinen Blick.

Bei der Betrachtung dieser Sachlage kann das Verhalten der Eltern gegenüber Marius nicht mehr als Erziehungsmaßnahme und damit auch nicht mehr als Strafe in diesem Sinne bezeichnet werden. Es ist Misshandlung. Aus der Sicht des Kindes jedoch wird jede Art von Misshandlung als harte, zu harte Strafe erfahren.

Strafe als Erziehungsmittel: Hinzufügen einer aversiven, unangenehmen Erfahrung und Entzug oder Vorenthalten einer angenehmen Erfahrung

Die Kritik an der Strafe in der Pädagogik ist vielfältig. Die Pädagogik steht der Strafe „einhellig und eindeutig strafkritisch" gegenüber. „Strafen dokumentieren die Hilflosigkeit des Erziehers, Strafen zerstören sein Verhältnis zum Heranwachsenden (den ‚pädagogischen Bezug'), sie stehen für missglückte Konfliktlösungen, sind rückwärts gewandt, Strafen entmutigen, Strafen liefern fragwürdige Modelle, sie schrecken vor weiterem Fehlverhalten nicht wirksam ab, Strafen sind einer guten Entwicklung abträglich usw." (Tophoven 2000, 4). In diesem Satz fasst Klaus Tophoven die wichtigsten und immer wieder in der Pädagogik vorgebrachten Argumente gegen die Anwendung von Strafe in der Erziehung zusammen.

Aber ist das alles, was zur Strafe gesagt werden kann? Erich E. Geißler kritisiert schon in seinem erstmals 1966 erschienenen Buch „Erziehungsmittel" den einseitigen Gebrauch des Begriffes „Strafe", der entweder von seiner „Perversion" her bewertet oder aber mit „Prügelstrafe" gleichgesetzt werde (Geißler 1975, 147). Es gibt zu viele Beispiele in der Geschichte der „Strafpraxis", wo Kindern Schreckliches im Namen von „Liebe", „Gerechtigkeit", „Erziehung" und „Ordnung" angetan worden ist und, davon muss wohl ausgegangen werden, weiterhin leider angetan werden wird.[13] Auf den ersten Blick wird die Ablehnung von „Strafe" daher verständlich. Diese Sichtweise stellt jedoch eine Form des *Missbrauchs* von Strafe in den Vordergrund und soll daher hier auch nicht weiter Strafe als Erziehungsmittel, sondern als *„Misshandlung"*, im Einzelfall zumindest als *„entwürdigende Erziehungsmaßnahme"* bezeichnet werden. Damit könnte die „Strafe" als pädagogisches Instrument für solche Maßnahmen frei sein, die im Einklang mit dem Erziehungsziel des selbstständigen, „mündigen" Menschen stehen, der in der Lage ist, sein Leben selbst zu bestimmen und die Folgen seines Denkens, Handelns und Urteilens zu verantworten weiß. Denn, wie immer man den Begriff auch drehen und wenden wird, in der Praxis der Erziehung kommen Eltern an der Strafe nicht vorbei, wie die Realität zeigt.

In den Sozialwissenschaften hat der Begriff der „Sanktion" für alle positiven und negativen Folgen von Verhalten, die die Einhaltung der sozialen Normen sicherstellen sollen, einen festen Platz. Wenn der Begriff der „negativen Sanktion" im Kern auch identisch ist mit dem, was im Bereich der Erziehung im oben geschilderten Sinne der Begriff „Strafe" umschreibt, reicht der Begriff

„Sanktion“ doch räumlich über die pädagogischen Institutionen, vor allem über die Familie, weit hinaus.

Daher soll hier das Wort „Strafe“ verwendet werden für jede von einem Kind als unangenehm empfundene Folge oder Konsequenz auf sein Verhalten, die ihm durch andere Personen, zumeist den Eltern oder Erziehern, zugefügt, von ihnen zugelassen wird oder sich aus dem Verhalten des Kindes in der Situation ergibt. Sie veranlasst das Kind dazu zu versuchen, dieser Folge entgegenzuwirken, ihr auszuweichen oder sie mit anderen Mitteln zu unterbinden, um sie nicht mehr oder nicht mehr in diesem Umfang erfahren zu müssen. Strafe als Erziehungsmittel steht im Einklang mit dem jeweiligen Erziehungsziel, für das sich Eltern und Erzieher entschieden haben.

Strafe in diesem Sinne hat nichts zu tun mit „Vergeltung“, „Rache“, „Reue“, „Sühne“ oder „Schuld“. Es ist kein moralischer oder ethischer Begriff, obwohl mit Hilfe der Strafe moralisches oder ethisches Verhalten angestrebt werden kann. Es geht aber darum, das Verhalten grundsätzlich oder im Einzelfall in eine Richtung zu steuern oder umzukehren, die von den verantwortlichen Erziehern für notwendig erachtet wird. „Strafe“ beinhaltet also einmal einen verhaltenssteuernden, aber zugleich auch einen kognitiven und kommunikativen Aspekt (vgl. Uhl 1996, 207). Denn wenn der Erzieher ein Kind straft, signalisiert er ihm zugleich: „Ich bin mit deinem Verhalten nicht einverstanden.“ Die Kommunikation muss nicht auf verbaler Ebene stattfinden. Sie kann auch eine durch Mimik und Gestik vermittelte Botschaft enthalten. Diese Botschaft muss vom Kind aber eindeutig identifizierbar sein. Ist sie nicht eindeutig identifizierbar, ist das Verhaltensziel, das mit Strafe erreicht werden soll, gefährdet.

Kinder müssen lernen, mit Strafen umzugehen. Strafen werden sie ihr ganzes Leben lang begleiten, wenn auch viele Arten von Strafen im öffentlichen Leben unter anderen Bezeichnungen zu finden sind: Ordnungsmaßnahme, Bußgeld, Abmahnung, Verwarnung, Vertragsstrafe und viele andere mehr. Alle diese Maßnahmen erfordern angemessenes Verhalten, wenn sie denn einen Bürger treffen. Auf der einen Seite ist Akzeptanz, auf der anderen Seite sind kritischer Umgang, oft sogar Maßnahmen gefordert, sich zur Wehr zu setzen. So kann Strafe in der Familie zugleich ein Lern- und Trainingsfeld im Umgang mit gerechtfertigten und ungerechtfertigten Strafen und deren Wirkungen sein. Kinder brauchen dieses Lernfeld. Eltern müssen es ihnen auch als solches anbieten. Es geht hier nicht um eine billige Rechtfertigung unbilligen Strafverhaltens der Eltern. Eltern haben immer die Möglichkeit, ein Erziehungsmittel wie die Strafe zu missbrauchen. Auch Liebe kann missbraucht werden. Daher müssen nicht nur Kinder, sondern auch Eltern den Umgang mit Strafe lernen und dazu befähigt werden. Allerdings: Strafen als Misshandlung und entwürdigende Maßnahmen können dieses Lernfeld nicht sein, sie stehen hier nicht zur Diskussion. Es muss jedoch noch viel unternommen werden, damit Eltern es nicht nötig haben, ihr Kind entwürdigend zu behandeln oder zu misshandeln.

Dieses zeigt der Bericht einer Mutter, die ihrem Kind einige Male eine „Ohrfeige verpasste" und es dann wieder bereute:

***Manuel**. Der Versuch einer Strafe, der dann doch widerrufen wurde.*

„Ich möchte nochmals wiederholen, wie sehr ich Schläge verachte – aber auch ich schlug. Ich verpasste Manuel einige Male eine Ohrfeige. Das ist ein dunkler Fleck in meinem Leben. Und ich hätte es vorher niemals für möglich gehalten. Ich möchte mein Handeln nicht entschuldigen – ich versuche nur, es zu begreifen. Niemals schlug ich bewusst! Nie hatte ich es mir vorgenommen. Manuel widersetzte sich mir, griff mich persönlich an oder wurde massiv verletzend. Hatte ich dann auch noch einen schlechten Tag, schon sehr strapazierte Nerven, war ich unter Druck oder hatten Markus (der Vater des Kindes und Ehemann der Autorin; G. R.) *und ich uns wieder gestritten, rutschte mir die Hand aus. Ich schlug, bevor ich dachte. Das Aufklatschen meiner Hand auf seiner Wange rüttelte mich jeweils wach. Ich nahm Manuel danach sofort in den Arm und entschuldigte mich bei ihm. Wir wein-*

ten zusammen, und ich nahm mir ganz fest vor, es nie wieder zu tun. Ich hatte den festen Willen, es durchzuhalten. Doch passierte es mit der Zeit nicht weniger häufig, sondern vermehrt" (Weyermann 2001, 26 f.).

Was ist geschehen? Manuel, ein sehr forderndes, seine Eltern, zumindest seine Mutter, bis an die Grenze physischer und psychischer Belastung treibendes Kind, verwickelte seine Eltern immer wieder mit seinem Verhalten in einen Kampf, verhinderte immer wieder mit seinen Aggressionen zu tun, was die Eltern wünschten und setzte mit eben diesen Aggressionen seine eigenen Wünsche um. Letztlich ein Verhalten, das dem Kind langfristig selbst schadete: *„Durch sein Verhalten wurde er immer mehr abgelehnt, durch diese Ablehnung immer aggressiver"* (Seite 20). Das Beispiel von Manuel ist charakteristisch für die Situation in vielen Familien. Da ist ein Kind, das, auch mit seinen Eltern, macht, was es will. Die Eltern fühlen sich gehindert, dem Kind frühzeitig Grenzen zu setzen, aus welchen Gründen auch immer. Es kommt zur Eskalation, bis beide Seiten nicht mehr können. *„Ich nahm Manuel danach sofort in den Arm und entschuldigte mich bei ihm. Wir weinten zusammen, und ich nahm mir ganz fest vor, es nie wieder zu tun"* (Ebda. Seite 27). Erst nach dieser Eskalation ist es Mutter und Kind möglich, den Frieden zu finden, den beide so sehr wünschen. Aber genau dort liegt das Problem. Manuel hat gelernt, mit seinen Aggressionen vieles zu erreichen, was er sich in den Kopf gesetzt hat. Seine Aggressionen hatten letztlich immer, kurzfristig betrachtet, einen positiven Nacheffekt. Seine Mutter wehrte sich gegen diese Aggressionen, so gut sie konnte. Aber auch für sie hatten diese Aggressionen ebenfalls oft einen positiven Nacheffekt. Als beide am Ende waren, nahm die Mutter ihr Kind in den Arm und entschuldigte sich bei ihm dafür, dass sie es, hier mit einer Ohrfeige, zu bestrafen versuchte, weil sie ja genau das nicht wollte. In letzter Konsequenz wurde Manuel in seinem Verhalten bekräftigt, wenn seine Mutter ihn nach solchen aggressiven Ausfällen in den Arm nahm, mit ihm zusammen weinte und sich bei ihm für ihr Verhalten entschuldigte. Es soll festgehalten werden, dass weder dem Kind noch der Mutter eine Absicht in dieser Weise unterstellt werden kann. Es ist verständlich, dass Manuels Mutter das Bedürfnis hatte, sobald es möglich war, ihr Kind wieder in Frieden in den Arm zu nehmen. Aber es muss daran erinnert werden, dass es nicht die *Absichten* sind, die über den Erfolg oder Misserfolg einer Maßnahme entscheiden, sondern deren *Wirkung*, also der eintretende subjektiv als positiv-angenehm oder negativ-unangenehm erfahrene Nacheffekt bei den Betroffenen. Manuel hatte erfahren, dass es zur Versöhnung und Ruhe kam, wenn er die Eskalation bis ganz auf die Spitze trieb. Und diese Erfahrung machte auch seine Mutter. Danach erst trat für beide, wenigstens vorübergehend, eine kurze Zeit der Ruhe und des Friedens ein – ein ausgeprägter positiver Nacheffekt nach einer schrecklichen Auseinandersetzung.

Wenn Eltern es für notwendig erachten, einem Kind eine Grenze zu setzen, muss diese Grenze eingehalten werden, denn eine erwartete oder angekündigte, aber nicht durchgehaltene Bestrafung bewirkt eine Verstärkung der nicht gewünschten Verhaltensweisen. Die Entschuldigung der Mutter bei ihrem Kind muss auf Manuel wie eine Rechtfertigung *seines* Verhaltens wirken. Hier ist deutlich der kommunikative Aspekt der Strafe zu erkennen. Schlagen ist zu deuten als nicht-verbale Art einer Strafe [14]. Sie teilt dem Bestraften mit: „Ich, die Mutter, der Vater, bin mit deinem Verhalten nicht einverstanden“, oder: „Ich bin dein Gegner“, oder: „Du musst dein Verhalten ändern!“ Ebenso ist die anschließende Entschuldigung und nonverbale Versöhnung im umgekehrten Sinne zu deuten: „Ich habe mich getäuscht“, „Ich akzeptiere dein Verhalten doch“, oder: „Es tut mir leid“, „Ich habe dich unwürdig behandelt“ oder gar: „Ich habe dich misshandelt“. Eine genaue Deutung des Geschehens ergibt sich allerdings nur aus den individuellen Umständen der Situation.

Strafe ist ein Mittel, um bestimmte, nicht gewünschte Verhaltensweisen in der Häufigkeit ihres Auftretens zu verringern oder, aktuell oder auf Zukunft hin, gar ganz zu unterbinden.

Sie kann viele Formen annehmen und in so mancher Gestalt auftreten. Manche von den Maßnahmen, die Eltern im Erziehungsprozess ergreifen, um ein bestimmtes Ziel zu erreichen, werden von ihnen selbst nicht als Strafe betrachtet, aber vom Kind so erlebt. Im entgegengesetzten Fall ergreifen die Eltern eine Maßnahme, die aus ihrer Sicht eine Strafe ist und der sie verhaltenssteuernde Funktion zuschreiben, der aber letztlich die verhaltenssteuernde Funktion im Sinne der Eltern fehlt, weil sie vom Kind nicht als Strafe erlebt wird. So kann eine Maßnahme, die als Strafe wirken soll, ihre beabsichtigte Wirkung ins Gegenteil verkehren, also die nicht gewünschten Verhaltensweisen des Kindes bekräftigen, statt sie zu unterbinden. *Strafe muss wirksam sein, damit sie als Strafe bezeichnet werden kann.*

Strafe als Zufügen eines Schmerzes, um ein gefährliches Verhalten sofort zu stoppen.
Die beiden Kinder der Familie, Alexandra, 5 Jahre, und Fabian, 9 Jahre, spielen an einem Sommertag im Garten ihres Hauses. Die Eltern sind in ihrer Nähe. Am Rande bekommt der Vater mit, dass es zwischen den Kindern Streit gibt, der immer weiter eskaliert. Der größere Bruder ärgert die kleinere Schwester, und die will sich das nicht gefallen lassen. Erst gehen einige Schimpfworte hin und her, dann nimmt Fabian Alexandra ihr Spielgerät ab. Daraufhin wird Alexandra ausgesprochen zornig und wütend. Sie versucht, Fabian das Gerät wieder zu entwenden. Das geht nicht. Sie wird aggressiv. Fabian ist schneller, rennt weg, und das Mädchen kann seinen Bruder nicht einholen. Auch Fabian ist nun aggressiv. Der Vater bemerkt, dass es dem Jungen jetzt richtig Freude macht, seine Schwester hochzunehmen und ihre Aggressivität weiter anzustacheln. Die Eltern versuchen, mit Worten die Kinder zur Vernunft zu bringen. Es wird etwas ruhiger. Doch dann geht alles ganz schnell. Bei dem Hin und Her im Garten beobachtet der Vater am Rande, dass Alexandra offenbar darauf aus ist, ihrem Bruder auch aus der Ferne zu schaden. Sie hebt einen mittelgroßen Stein auf. Der Vater ruft ihr zu, sie solle unter allen Umständen den Stein wieder zurücklegen. Sie schaut ihrem Vater

ins Gesicht. Ihr Gesichtsausdruck deutet dem Vater an, dass sie jetzt alles tun will, nur dem Vater nicht gehorchen. Jetzt ist der Vater mit ihr auf einer Höhe. Er sieht, wie sie den Stein zum Wurf hochnimmt. Festhalten kann er sie nicht, doch kann er ihren Arm erreichen und gibt ihr einen Schlag mit seiner Hand auf ihren Unterarm. Durch den Schlag verfehlt der Stein sein Ziel und schießt unmittelbar an Fabians Gesicht vorbei ins Leere. Jetzt erst hat sie realisiert, was sie anstellen wollte. Aber da ihr Zorn noch nicht abgeklungen ist, wendet sie sich gegen ihren Vater. Sie versucht ihn anzugreifen. Der jedoch hält sie an ihren Armen fest. „Weißt du eigentlich, was du dem Fabian da bald angetan hättest?“ Das Mädchen versuchte, sich mit dem Argument zu verteidigen, ihr Bruder habe ihr das schließlich alles angetan. Auch der war nun entsetzt. Diese Entwicklung hatten beide Kinder nicht vorausgesehen, auch so nicht gewollt. Nach dem das geklärt war, kehrte wieder Ruhe ein. Noch nach Jahren war beiden Kindern diese Erfahrung präsent. Nie mehr hat Alexandra versucht, einem Kind einen Stein an den Kopf zu werfen. So nachhaltig hat diese Erfahrung gewirkt. Vor allem aber deshalb, weil es noch eine andere Erfahrung in ihrer Kindheit gab: Schlagen als Erziehungsmittel war in ihrer Familie nicht üblich.

Es ist eine ganz andere Situation als im Falle Manuel. Aus der Ruhe eines friedlichen Spiels im Garten entstand Streit zwischen den Kindern, der sehr schnell eskalierte und zu einer Gefahr für den Jungen Fabian wurde. Der Vater versuchte, diese Gefahr von ihm abzuwenden. Das einzige Mittel, das er einsetzen konnte, war der Schlag auf den Unterarm. Ob es noch weitere Möglichkeiten gegeben hätte, ließ sich in der Situation nicht feststellen, sollte das Übel, das sich abzeichnete, verhindert werden. Auch konnte er in dieser Situation nicht über das Für und Wider von „Strafe“ nachdenken. Dieser Schlag war die „Ultima ratio“, das letzte Mittel, um Schlimmeres zu verhindern. Es ging um die unmittelbare Unterdrückung eines Verhaltens, von dem erwartet werden musste, dass es einem Kind Schaden zufügen würde. Auch hier geht es um „Körperstrafe“. Diese Körperstrafe jedoch stand in einem anderen

Kontext als bei Manuel und Marius. Die beiden Kinder Fabian und Alexandra hatten Vertrauen zu ihren Eltern. Sie hatten erfahren und wussten, wenn es in einer Situation wie dieser einen Schlag gibt, dann hatte das seinen Grund. Alexandra hatte sich so sehr verbissen in den Streit mit ihrem Bruder, dass sie die Gefahr nicht mehr realisierte, die ihr Verhalten für ihren Bruder darstellte. Erst durch den Schmerz, den sie fühlte, als die Hand des Vaters ihren Unterarm traf, war ihr das wieder möglich.

Alexandra fühlte sich für ihr Verhalten bestraft. Sie wandte ihren Zorn auf ihren Bruder gegen ihren Vater. Der jedoch hinderte sie ein zweites Mal. Er hielt seine Tochter einfach fest, bis das Entsetzen über ihr eigenes Verhalten ihr wieder zur Ruhe verhalf. Auch dieses Festhalten erlebte das Kind zunächst erneut als Strafe. Die Frage ihres Vaters, ob sie eigentlich wisse, was sie da zu tun im Begriffe gewesen sei, verhalf ihr zu der Einsicht, dass sie das tatsächlich nicht hätte tun dürfen. Auch ihr Hinweis auf ihren Bruder, der ihr das ja schließlich alles angetan habe, war nur ein schwacher Versuch, sich über den schrecklichen Gedanken hinwegzusetzen, der Stein könne den Bruder ja doch getroffen haben.

So ging es denn auch Fabian. Ohne eine Auseinandersetzung zu führen, wer denn jetzt „Schuld" an allem habe, wurde beiden Kindern ihr eigener Anteil an dem Geschehen bewusst und half ihnen, zukünftig Derartiges zu unterlassen.

Auf der Seite des Vaters gab es nur ein Ziel, verhindern, dass der Junge getroffen wurde. Hier war keine eigene Wut, keine Beleidigung, keine Enttäuschung, die der Vater abreagieren wollte. Den Kindern wurden keine negativen Gefühle aufgedrückt, es fand keine Schuldzuweisung statt, es gab keine „ungerechte" Behandlung, keinen Machtmissbrauch durch die Eltern, keine entwürdigenden Erziehungsmaßnahmen, weder Drohung noch Beleidigung, auch keine Verweigerung von Schutz und Hilfe. Im Gegenteil, dem Kind, das akut gefährdet war, galt die ganze Bemühung des Vaters.

Der verhaltenssteuernde Aspekt der Strafe verhalf den Kindern, zukünftig ähnliche Auseinandersetzungen nicht mehr so weit zu treiben. Der kommunikative Aspekt von Strafe verhalf ihnen zu der Erkenntnis, dass ein solcher Streit schnell eskalieren und einen schrecklichen Schaden anrichten kann.

Marc. *Strafe als logische Folge.*

Marc kam aus dem Hort und rief empört, dass er nie mehr in den Hort gehen würde. Die Erzieherinnen seien alle doof und würden überhaupt nichts „raffen". Auf die Frage des Vaters, was denn nun wieder geschehen sei, sagte Marc: „Die haben unsere Skateboards eingeschlossen, obwohl nichts passiert ist." „Was habt ihr denn gemacht, so ohne weiteres schließen die doch nicht eure Skateboards ein?", wollte der Vater wissen. „Die haben uns immer verboten, die Treppen damit raufzuspringen. Die Erzieherinnen haben gesagt, die Skateboards gingen davon kaputt, die Treppen auch. Und als wir nicht auf sie hörten, haben sie uns die Dinger weggenommen und eingeschlossen." „Was wirst du in Zukunft machen?", erkundigte sich der Vater. „Wenn ich da weiter Skateboard fahren will, darf ich nicht mehr die Treppen rauf. Das ist richtig blöde, denn dann können wir nicht mehr richtig üben."

In dieser Situation haben die Erzieherinnen der Einrichtung die Kinder offenbar mehrfach gebeten, mit den Skateboards nicht die Treppen hinaufzuspringen aus Sorge, sie würden dadurch zerstört. Als ihre Bitte nicht befolgt wurde, mussten die Kinder die Konsequenzen fühlen, weil die Geräte eingeschlossen wurden. Marc hat die Aussage dieser Strafe verstanden. Wenn er zukünftig weiter im Hort Skateboard fahren will, muss er sich an die Regel halten. Durch die konsequente Einhaltung ihrer Anordnung ist den Kindern auch wohl deutlich geworden, dass sie die Aussagen der Erzieherinnen ernst nehmen müssen. Marc ist, wie seinen Äußerungen zu entnehmen ist, wohl auch bereit, das zu tun.

Mathilde. *Strafe als logische Folge, um Grenzen zu setzen und Regeln einzuhalten. Förderung der Einsicht. Raum für Entscheidungen.*

Mathilde, 4 Jahre alt, ging mit den Eltern in einer Kleinstadt einkaufen. Man konnte ihr ansehen, dass sie nicht allerbester Laune war. Nach dem Einkauf auf dem Weg zum Auto entschied sie sich ganz plötzlich, nicht weiterzugehen und setzte sich auf den Bürgersteig. Die Eltern blieben bei ihr stehen und fragten sie, warum sie nicht weitergehen wolle. Sie erhielten keine Antwort. Sie forderten das Kind auf, mit ihnen zu gehen. Das Kind reagierte nicht. Die Eltern gaben dem Kind zu verstehen, dass sie weitergehen würden. Mathilde störte sich nicht daran. Sie gingen weiter, immer nach Mathilde schauend. Nach ca. 35 Metern – Mathilde konnte die Eltern wegen der Passanten nicht mehr sehen – blieben sie stehen. Mathilde saß immer noch auf dem Bordstein, eine Gefahr durch Straßenverkehr war nicht gegeben. In der Zwischenzeit hatte sich eine Traube von Erwachsenen um das Kind geschart. Es war zu beobachten, dass sie mit dem Kind und über das „einsame" Kind sprachen. Es sah so aus, als ob Mathilde den Erwachsenen auf Fragen antwortete. Diese Situation schien Mathilde zu gefallen, inmitten einer Schar fremder Erwachsener zu sitzen, die freundlich auf sie einredeten. Sie stand im Mittelpunkt und genoss es. Die Eltern waren ratlos. Da das Kind keinerlei Anstalten machte, nachzukommen, entschlossen sie sich, zurückzugehen. Beim Kind angekommen, forderten sie es auf, nun endlich mit ihnen weiterzugehen. Erfolglos. Nun ergriff der Vater das Kind und versuchte, es hochzuheben. Mathilde schrie und strampelte. Die Eltern appellierten an die Einsicht des Kindes, dass sie nicht länger hier auf der Straße verweilen könnten. Die Mutter sagte: „Komm jetzt mit oder wir tragen dich zum Auto. Du weißt, dass wir auf dem Weg nach Hause sind, und da wollen wir jetzt auch hin." „Ich habe keine Lust, nach Hause zu fahren", war Mathildes Antwort. „Wir können aber hier nicht bleiben", antwortete der Vater. Er hob sie auf seine Arme und trug das schreiende Kind. Nach 15 Metern hörte das Kind auf zu schreien. Der Vater fragte: „Wie lange wolltest du denn dort auf der Straße sitzen bleiben? Wir können doch nicht auf der Straße wohnen, und du hast dort kein Bett, um zu schlafen." Das Kind zuckte mit den Schultern. In diesem Moment sah es in einem Schaufenster einen Puppenwagen und wollte dorthin. Der Vater erlaubte dem Kind, den Wagen kurze Zeit anzuschauen, wenn es danach unverzüglich mit zum Auto ginge. Das Kind willigte ein. Die Eltern waren einverstanden. Nachdem das Kind den Wagen und einige andere Spielsachen angesehen und sie den Eltern gezeigt hatte, ging es ohne weitere Klagen mit zum Fahrzeug.

Hier setzten die Eltern Mathilde eine Grenze, in dem sie das Kind aus der Situation wegtrugen. Durch das Schreien und Strampeln ließen sie sich nicht beirren. Es war klar, dass sie nicht auf der Straße bleiben konnten. Da Mathilde selbst den Weg nicht zu gehen bereit war, die Eltern aber zu verstehen gegeben hatten, sie würden nicht bleiben können, trugen sie es zum Auto. Mathilde erlebte das Wegtragen offenbar als Bestrafung, denn nach 15 Metern gab das Kind seinen Widerstand auf. Die Eltern handelten insofern klug, als sie versuchten, mit dem Kind danach ein Gespräch zu beginnen, das dem Kind signalisierte: „Wir vertrauen darauf, dass du vernünftig bist. Es gibt keinen Kampf zwischen dir und uns." Diese Haltung wurde unterstützt, in dem sie dem Kind einen Raum für eine eigene Entscheidung gaben. Es durfte den Puppenwagen im Schaufenster bestaunen, wenn es sich entschied, danach unverzüglich mit zum Auto zu gehen. Dadurch wurde der Weg zum Auto jetzt Mathildes Entscheidung.

***Damian,** 6 Jahre. Strafe als logische Folge. Förderung der Einsicht. Beauftragung mit einer notwendigen Tätigkeit.*
Damian hatte die Sauberkeitsphase längst abgeschlossen, als es wieder passierte. Während des täglichen Spiels auf dem Spielplatz klingelte Damian mehrfach an die Tür seiner Wohnung und sagte der Mutter oder dem Vater, er habe wieder seine Hose dreckig. Es war jedes Mal nicht viel, aber die Hose musste gewechselt werden. Die Eltern machten sich Sorgen. Der Mutter wurde das Auswaschen von täglich bis zu drei Unterhosen des Jungen allmählich zu viel. Sie überlegte, ob sie den Kinderarzt einschalten sollte. Alle Versuche des Jungen, sein Geschäft vollständig auf der Toilette zu verrichten, halfen nicht. Auch alles Einreden auf ihn, alle Mahnungen und Erklärungen waren umsonst. Kaum hatte er die Toilette verlassen und spielte wieder draußen, meldete er sich

kurze Zeit später mit dem gleichen Missgeschick. Vater und Mutter verabredeten, nicht mit Verboten, „Strafpredigten", Drohungen oder gar Körperstrafen zu reagieren, auch wenn solche Impulse angesichts der Häufigkeit des Unglücks nur sehr schwer zu unterdrücken waren. Der Vater wollte keinen Arzt einschalten, damit mache man das Unglück für den Jungen nur komplett und noch schwerer behebbar, sagte er. Auch würde sich dann bald ein entsprechendes Etikett einstellen, denn „geheim" halten ließen sich solche Arztbesuche und deren Ursache unter Kindern nicht. Er verabredete mit seiner Frau stattdessen, den Jungen dazu zu bewegen, vom nächsten Tag an selbst seine Hosen auszuwaschen. Nun musste sich Damian mit dem Problem seiner schmutzigen Unterhosen intensiv gefühlsmäßig und auch rein körperlich auseinander setzen. Der Vater berichtete später Freunden, es habe ihm unendlich Leid getan, zusehen zu müssen, wie der kleine Junge, auf einem Fußbänkchen am Waschtisch stehend, sich mit seinen Hosen abmühte. Damian übernahm diese Aufgabe aber ohne zu murren und zu schimpfen. Offenbar hatte er selbst große Not mit seinem Missgeschick. Die ganze Aktion wurde dem Jungen nicht im Sinne einer Strafe für begangenes Unrecht aufgedrückt, sondern als Notwendigkeit dargestellt. Hosen, die verschmutzt sind, müssen gesäubert werden. Bei einem so hohen Verbrauch wie bei Damian ist das auch nicht allein Sache der Eltern, sondern Angelegenheit desjenigen, der sie beschmutzt hat. Das sah Damian wohl ein. Nach Ablauf der ersten Woche stellte sich ein erster Erfolg ein. Immer seltener musste er täglich schellen. Nach weiteren zwei Wochen hatte sich das ganze Problem erledigt. Damian hatte es geschafft. Er war von nun an wieder sauber.

Es war für Damian schon sehr unangenehm, immer, wenn er seine Hose beschmutzt hatte, auf das Spielen zu verzichten und erst die schmutzige Hose auszuwaschen. Wenn auch die Eltern dem Jungen das Auswaschen nicht als Strafe für begangenes Unrecht aufdrückten, war diese Maßnahme doch eine klassische Strafe: zufügen einer unangenehmen Erfahrung in Verbindung mir einer bestimmten Verhaltensweise des Kindes. Diese „Strafe" war aber kein moralischer oder ethischer Akt. Das Beschmutzen der Hose war nicht frevelhaft, der Junge hatte keine Schuld auf sich geladen, für die ihm eine Buße auferlegt wurde. Das Auswaschen war eine sehr unangenehme Konsequenz für ihn, aber es war einfach notwendig. Offenbar gelang es den Eltern auch, diese Botschaft dem Jungen zu vermitteln. Der Junge spürte, dass die Eltern ihn nicht bloßstellen, sondern ihn schützen wollten. Jedes Kind weiß wohl, was es heißt, als „Bettnässer" oder „Hosenscheißer" von den Freunden etikettiert zu werden. Wichtig war, dass Damian die ihm auferlegte unangenehme Folge akzeptierte. Er konnte es, weil er das Vertrauen hatte, die Eltern würden für ihn in dieser schwierigen Situation die richtige Lösung finden.

Isabell. *Strafe als Entzug einer angenehmen Erfahrung.*

Isabell, 13 Jahre alt, kann morgens schlecht aufstehen. Mehrfach in der Woche musste sie morgens von ihren Eltern geweckt werden. Selbst dann konnte es noch geschehen, dass sie zu spät zur Schule kam. In solchen Fällen fuhr ihre Mutter sie mit dem Auto zur Schule, wenn sie ihren Bus verpasste. Später waren die Eltern es leid. Sie hatten Isabell angekündigt, dass sie nur noch einmal wecken und sie, falls sie dann nicht aufstehe, nicht mehr zur Schule fahren würden. Vier Wochen schauten sich die Eltern das Dilemma an. Es hat nicht geholfen. Isabell kam in der Woche wenigstens an drei Tagen zu spät. Um die Folgen in der Schule möglichst gering zu halten, ging sie dann häufig erst zur zweiten Stunde in die Schule. Kürzlich musste sie wegen ihrer Verspätungen vor eine Klassenkonferenz treten. Als auch das nicht half, lud die Schule die Eltern und Isabell zu einem Gespräch und drohte mit einem Verweis. Isabell aber sagte immer nur, sie würde den Wecker nicht hören, obwohl bereits zwei davon morgens klingelten. Die Eltern weigerten sich konstant, das Mädchen zu wecken, weil das nichts bessern würde. Es war aber abzusehen, dass Isabell immer größere Probleme in der Schule bekäme, da sie nun auch noch bei ihren Lehrern durch ihr Verhalten auf Widerstand stieß. Diese Konsequenzen waren die Eltern nicht bereit, in Kauf zu nehmen. Ihnen war eine gute Schulausbildung für ihre Tochter sehr wichtig.

So griffen die Eltern zu einem letzten Mittel. Isabell liebte Pferde über alles. Sie nahm zwei Mal wöchentlich eine Reitstunde. Eine dieser Stunden bezahlten die Eltern, die andere verdiente sich Isabell durch die Arbeit im Reitstall. Die Eltern kündigten dem Mädchen nun an, dass sie für jedes Mal, das Isabell zu spät zur Schule fährt, eine Reitstunde nicht mehr bezahlen würden. Isabell konnte sich die Folgen nun ausmalen. Ein paar Mal bezahlte sie die Reitstunde der Eltern von ihrem Taschengeld. Dann wurde ihr das Geld knapp. Sie konnte nur eine Reitstunde jeweils von ihrem Geld bezahlen. Im Reitstall mehr verdienen konnte sie aus zeitlichen Gründen auch nicht. Um wieder zwei Stunden nehmen zu können, war sie auf das Geld der Eltern angewiesen. Nun wurden die Verspätungen in der Schule seltener und hörten schließlich ganz auf. Isabell konnte wieder zwei Mal in der Woche reiten.

Es gibt Situationen, in denen können Eltern das Verhalten des Kindes weder mit logischen noch mit natürlichen Folgen beantworten, weil die Möglichkeiten einfach nicht zur Verfügung stehen. Auch gibt es keinen Weg, einen inneren Zusammenhang zwischen dem Verhalten und der nachfolgenden Strafe herzustellen, wie es eigentlich sinnvoll ist. In solchen Fällen kann ein Zusammenhang zwischen der Verhaltensweise des Kindes und der Strafe „künstlich“ hergestellt werden, in dem die Eltern auf ein bestimmtes Fehlverhalten immer eine bestimmte Strafe folgen lassen. Einen solchen Zusammenhang herstellen nennt man auch, „eine *Bestrafungskontingenz* aufbauen“. Hierbei gibt es also nur einen äußeren Zusammenhang zwischen Verhalten und Strafe, keinen inneren Sachzusammenhang. So haben im Falle Isabell die Eltern ihre Verspätungen regelmäßig mit dem Entzug einer Reitstunde bestraft. Dadurch wurden die Verspätungen seltener und hörten bald ganz auf. Es ist aber wichtig, dass der Zusammenhang zwischen den Unterrichtsversäumnissen und der Strafe ohne Ausnahme bestehen bleibt, da die Wirkung der Strafe sonst nachlässt. In Isabells Fall hielten die Eltern diesen Zusammenhang konsequent ein. Da Isabell etwas ihr Wichtiges *regelmäßig entzogen* wurde, spricht man hier von einem „kontingenten Entzug“. Neben dem kontingenten Entzug einer Reitstunde musste außerdem dafür gesorgt werden, dass das regelmäßige pünktliche Erscheinen in der Schule auch positiv mit Lob, Anerkennung oder anderen Mitteln unterstützt und bekräftigt wird. Die Lehrer müssen sich ebenfalls einer solchen Anerkennung anschließen, sonst besteht die Gefahr, dass Isabell sich durch die Missachtung ihrer Anstrengung wieder bestraft fühlt. Diese Anerkennung muss wenigstens so lange erfolgen, bis das Mädchen von sich aus Pünktlichkeit im Unterricht für sinnvoll und notwendig erachtet. Gespräche zwischen den Eltern, Lehrern und ihr können diese Einsichten fördern.

Statt eine angenehme Erfahrung kontingent zu *entziehen*, ist es auch möglich, ein unangenehmes Ereignis kontingent *hinzuzufügen*. Dieses kontingente Hinzufügen würde im Falle Isabells bedeuten, dass Isabell nach jedem Auftreten der Verspätung eine wirksame Bestrafung erfahren müsste. Es bedarf in diesem Fall jedoch einer gehörigen Anstrengung bei der Suche nach einer kontingenten Bestrafung, deren Notwendigkeit durch Isabell eingesehen wird, die nicht als ungerecht empfunden wird, die dem Fehlverhalten angemessen ist und zudem durch Isabell als Strafe erfahren wird, also wirksam ist. Strafreize wie Nacharbeiten des Unterrichtes, außerhalb des Klassenraumes bis zur nächsten Stunde warten müssen, Einträge ins Klassenbuch, Drohungen mit dem Abbruch der Schullaufbahn, zusätzliche Übungen für das jeweilige Unterrichtsfach zu Hause, ständige Vorwürfe durch die Eltern wären zugleich logische Folgen. Nicht alle davon würden wirksam sein. Die Teilnahme ab der nächsten Stunde steht dem Lernziel in jedem Fall entgegen. Beauftragen mit Ordnungsaufgaben, Auferlegen einer unangenehmen Tätigkeit, „Zimmerarrest“ und andere haben keinen Bezug zum Fehlverhalten und könnten nur als kontingente Bestrafung angewendet werden. In diesem Fall sind alle ungewünschten Nebenwirkungen, die Bestrafung mit sich bringen kann, zu bedenken (Seite 105ff). Das gilt auch für den kontingenten Entzug solcher Vergünstigungen, die keinen Bezug zum Fehlverhalten haben wie Fernsehverbote, Ausgehverbote, Taschengeldentzug, „Liebesentzug“, um nur einige zu nennen.

Strafen, wie sie nicht angewendet werden sollen: Strafe durch Gedankenlosigkeit

Marie und Astrid: *Strafe als brüskes Zurückweisen von Kindern in einer Tageseinrichtung.*

In einer Tageseinrichtung für Kinder gibt es nur eine Kinderkochküche. Während des offenen Spielens am Nachmittag, an dem alle Kinder in allen Räumen sich ihre Spielgefährten aussuchen können, interessieren sich zwei Mädchen besonders für diese kleine Küche. Die Praktikantin, die sich an diesem Tag in dem Raum aufhält, zeigt den Kindern auf ihre Nachfrage hin alles, was sie interessiert: Herd, Geschirr, Küchenmöbel, Bestecke, Lebensmittel. Da auf diese Weise ihr Interesse erst richtig geweckt wird, fragen sie, ob sie sich Tee kochen dürfen. Die Praktikantin, noch unerfahren in dem, was den Kindern erlaubt und nicht erlaubt ist, fragt bei einer Erzieherin nach. Brüsk antwortet diese, am Nachmittag dürfe die kleine Küche nicht benutzt werden und „scheucht" die Kinder in barschem und unfreundlichem Ton aus der Küche, auch ohne die Praktikantin, die sich mit den Kindern beschäftigt hat, noch eines Wortes zu würdigen. Die Praktikantin möchte wissen, warum das so ist. Die Erzieherin gibt darauf nur an, dass sie das einfach nicht möchte, dreht sich um und geht aus dem Raum. Den Mädchen sieht man die Enttäuschung an, sie sind zunächst unfähig, ein Wort zu sagen. Dann fragen sie die Praktikantin, warum sie nicht in die Küche dürfen. Da diese aber auch keine Antwort weiß, stöhnen die Mädchen und gehen aus dem Raum.

Marie und Astrid mussten erleben, wie Strafen, gedankenlos angewendet, Beziehungen belasten, vielleicht zerstören und gewünschtes Verhalten verhindern können.

Oft realisieren Eltern und Erzieher nicht einmal, dass sie durch ihr Verhalten ein Kind ungerechtfertigt bestrafen. Mit dem Begriff „Strafe" würden sie wahrscheinlich ihr Verhalten auch nicht beschreiben wollen, weil sie bewusst nicht beabsichtigten, das Kind zu bestrafen. Und doch haben die Maßnahmen die fatale Wirkung einer nach rückwärts gerichteten Strafe. Sie lösen Gefühle und Reaktionen bei Kindern aus, die gewünschte Absichten und Folgen der Erziehung wieder zunichte machen können.

Marie und Astrid sind neugierig auf die Küche. Die Praktikantin unterstützt ihre Neugier, indem sie ihnen zeigt, was sie sehen möchten. Die Mädchen erleben jedoch eine böse Überraschung. Die Erzieherin bestraft die Neugier der Kinder und die Fragen der Praktikantin mit der Enttäuschung einer inzwischen hohen Erwartung, einer unzureichenden Beachtung der Bedürfnisse der Kinder und einem unbegründeten und unmotivierten Verbot für eine sinnvolle Aktivität. Sie beraubt die Kinder dadurch einer zusätzlichen, sinnvollen Entfaltungsmöglichkeit. Sie lässt sie nicht weitersprechen, verweist sie unfreundlich aus der Küche, wendet sich ab, obwohl die Kinder wie auch die Praktikantin Zuwendung erwarten, verstößt gegen das Gebot des aktiven Zuhörens, bricht dabei den Blickkontakt ab und bevormundet sowohl die Kinder als auch die Praktikantin. Zudem zeigt sie Arroganz und Desinteresse an den Bedürfnissen der Kinder und setzt, durch Verhalten, Mimik und Gestik deutlich illustriert, ihre Mitarbeiterin vor den Kindern herab.

Für die Kinder war der Versuch des Teekochens in der Küche ein Misserfolg auf der ganzen Linie. Es ist schwer vorstellbar, dass sie noch einmal die Mühe auf sich nehmen, in der Nachmittagszeit in der Kinderküche eine Tätigkeit zu beginnen. Den gleichen Misserfolg hat ihre Praktikantin erfahren bei ihrem Versuch, mit den Kindern in der Küche zu arbeiten.

Aber auch auf der Beziehungsebene ist Schaden entstanden. Die brüske Zurückweisung, Arroganz und Bevormundung durch ihre Erzieherin hat nicht dazu geführt, ein Vertrauensverhältnis zwischen ihnen aufzubauen. Sollte ein solches Verhältnis in Ansätzen bestanden haben, ist denkbar, dass es stark erschüttert wurde. Sich selbst hat die Erzieherin damit ebenfalls geschädigt. Die kurzfristige angenehme Folge ihres Verhaltens, sich nicht neben einer anderen Beschäftigung auch noch um die Kinder in der Küche, dem nachherigen Aufräumen etc. zu befassen, steht der Bruch des Vertrauensverhältnisses gegenüber, mit dem sie sich langfristig wird auseinander setzen müssen. Insgesamt kann diese Art der

Bestrafung einer positiven Initiative zweier Kinder nur als entwürdigende Maßnahme bezeichnet werden.

Wie die einzelnen Beispiele zeigen, gibt es viele Verhaltensweisen von Eltern und Erziehern, die von einem betroffenen Kind als Strafreiz empfunden werden, weil sie einen negativen Nacheffekt für das Kind haben. Häufig sind sich aber die Eltern dessen nicht bewusst, da eine Reflexion im Alltagsgeschehen darüber unterbleibt. Mitunter sind es nur Mimik und Gestik, die, aus Unachtsamkeit gezeigt, als unangenehmer Nacheffekt erfahren werden.

Als Strafreiz kann ebenfalls eine Unterlassung einer bestimmten, vom Kinde erwarteten Reaktion empfunden werden, wie das Beispiel von Klara zeigt:

Klara. *Strafe durch Unterlassen eines Lobes oder Dankes durch die Mutter.*
Klara hatte sich zum Pfingsttag etwas ganz Besonderes ausgedacht. Sie weiß, dass ihre Mutter Wiesenblumen liebt und nahm sich vor, ihr einen dicken Strauß davon zu pflücken. Klara und ihre jüngere Schwester gingen auf die benachbarten Wiesen eines Bauern und pflückten einen schönen bunten Blumenstrauß. Den nahmen sie mit nach Hause und überraschten ihre Mutter damit, während diese in der Küche mit der Essenszubereitung beschäftigt war. Sie hatte sich verspätet und war sehr in Hektik, weil in ein paar Minuten die Großeltern ankamen. Die Kinder zeigten ihrer Mutter den wunderschönen Strauß. Statt der erwarteten freudigen Überraschung warf die Mutter nur kurz einen Blick auf die Kinder und sagte „Ja, legt ihn dahin, ich stelle ihn gleich ins Wasser.“ Sehr enttäuscht wandten sich die Kinder ab und gingen in ihr Zimmer.

Es ist wichtig, dass Eltern sich Klarheit verschaffen, wie ihre Reaktion auf das Verhalten des Kindes *wirkt*. Vor allem solche Verhaltensweisen und Maßnahmen, die auf den ersten Blick nicht als Strafe zu erkennen sind, sollten in eine Reflexion einbezogen werden. Eine Hilfe dazu ist die Reaktion des Kindes. Wenn die Eltern ihr Kind verstehen, können sie an seiner Reaktion erkennen, wie es eine Verhaltensweise der Eltern aufgenommen hat.

Formen von Strafe und Bestrafung (Beispiele)

Im nachfolgenden Text sind beispielhaft Verhaltensweisen zusammengestellt, die als Reaktion auf das Verhalten von Kindern wie eine Strafe wirken können. Welche Wirkung sie auf das einzelne Kind tatsächlich haben, kann nur in der konkreten Situation durch die Beobachtung des Kindes herausgefunden werden.

Als allgemeine *verhaltenssteuernde Maßnahmen* mit negativem Nacheffekt können wirken: Aus-Zeit (Time-out), Folgen und Konsequenz erfahren, Regeln und Grenzen einhalten müssen.

Im Einzelnen finden sich immer wieder:

Im Bereich der Kommunikation: Strafreize durch Nicht-Zuhören und Ignorieren einer gewünschten Handlung, einer Aggression oder gar des Gesprächspartners; durch Abbrechen des Blickkontaktes oder der Kommunikation. Ferner durch kritische, ablehnende, negative Mimik und Gestik, so z. B. durch Wegschauen, wenn das Kind spricht, durch kritischen Augenaufschlag, Stirne runzeln; durch aggressive Blick- und Kopfbewegungen, Sich-Abwenden, Sich-reserviert-Zeigen; durch unmotiviertes Lachen, Langeweile signalisieren, uneindeutiges Verhalten zeigen oder „eisiges" Schweigen.

Verbale Strafreize durch Anschreien, dauerndes Infragestellen, Dazwischenreden, häufigen Widerspruch und Kritisieren statt Aufmuntern. Kritik wird angedeutet, aber nicht ausgesprochen und klargestellt. Es werden langatmige Erklärungen und Unterstellungen in Frageform formuliert, Vorwürfe gemacht, willkürliche und eigenmächtige Eingriffe in ein Gespräch vorgenommen, Fragen negativ gestellt. Eltern nörgeln, schimpfen, halten Strafpredigten und machen ständig Einwände. Sie schließen Kinder von der Unterhaltung aus, wissen alles besser, belehren ständig, erinnern, ermahnen, warnen, korrigieren und geben ungebeten Ratschläge.

Auf der *Gefühlsebene* können wie Strafreize wirken: Abschreckung und Enttäuschung, Wut und Zorn, Bedürfnisse nicht beachtet finden. Dem Kind Desinteresse zeigen, es übersehen und missachten oder es in eine gefühlsmäßige Zwangssituation bringen; ihm Angst oder Angst vor Bestrafung machen. Sich motorisch unruhig und ungeduldig zeigen, drängeln, Aggressionen spüren lassen. Die Erwartungen des Kindes enttäuschen und es zwingen, solche Stresssituationen aushalten zu müssen.

Darüber hinaus gibt es viele *Formen fehlender Unterstützung*: Eine erwartete Belohnung findet nicht statt, Fehler werden besonders betont, dem Kind wird eine Niederlage herbeigeführt. Das Kind wird sich selbst überlassen und unzureichend gelenkt, wenn es diese Lenkung wünscht und braucht. Eine gewünschte Handlung und/oder das Kind werden ignoriert und Versprechen nicht eingehalten. Im Hause ist es unruhig, wenn es sich konzentrieren muss, die Eltern beschäftigen sich mit anderen Dingen, während ihr Kind Zuwendung erwartet, sie lassen Kooperation und Hilfe oder Verständnis fehlen, sind geistig abwesend und missverstehen das Kind, ohne Abhilfe zu schaffen.

Viele Arten von *Geboten und Einschränkungen* werden einem Kind auferlegt: Es werden allgemeine Verbote und Gebote ausgesprochen, es muss „Strafarbeiten" und „Ordnungsaufgaben" oder eine unangenehme Beschäftigung erledigen. Schaden muss wieder gutgemacht werden, das Kind muss sich entschuldigen oder bekommt Taschengeld sowie andere Vergünstigungen entzogen. Es erlebt Strafe als „Sühne", oft auch ohne Bezug zur Tat. Ihm werden beliebte Beschäftigungen untersagt, es darf selbst nicht Stellung nehmen oder vermisst in einer ihm wichtigen Sache die Stellungnahme seiner Eltern. Seine Übertretungen werden geahndet oder sein Verhalten unterdrückt.

Eltern üben Macht und Vergeltung aus, spielen ihre Überlegenheit aus, drohen und zeigen unangenehm dominantes Verhalten.

An Maßnahmen, die sich gegen die Entfaltung der Persönlichkeit des Kindes richten, sind zu finden: Fehlende Akzeptanz des Kindes, fehlende Sicherheit und Geborgenheit von Seiten der Eltern; unzureichende Beachtung der Bedürfnisse des Kindes, Vernachlässigung, Verweigern der Unterstützung und Anerkennung von Leistungen, Verweigerung der Kooperation und Hilfe; Abreaktion der eigenen Wut und Enttäuschung, Liebesentzug, fehlende Bekräftigung bei positivem Verhalten; unmotivierte, unehrliche Belohnungen und Ungerechtigkeit. Lob wird als Abwertung ausgedrückt und bei elterlichem Fehlverhalten fehlt eine Entschuldigung. Sie zeigen verdecktes Strafverhalten, das vom Kind als solches nicht erkannt werden kann. Auch Fürsorge und Überhütung sowie Umklammerung können als Strafe empfunden werden.

Körperstrafen und Strafen gegen die Freiheit des Kindes sowie Misshandlung und entwürdigende Maßnahmen sind ebenfalls zu finden: Zufügen von Schmerz, Schlagen, Zimmerarrest, Festhalten, Einsperren und andere Köperstrafen; ferner Beleidigung, Beschämung, Bevormundung; Bloßstellen vor anderen, Erpressung, Diffamierung, lächerlich machen. Die Eltern zeigen Arroganz, Ironie und Sarkasmus. Kinder erfahren eine Stigmatisierung, ein Etikett, das ihnen aufgedrückt wird („Faulpelz", „Querkopf", „Bettnässer" u. a.). Sie werden als Mittel benutzt, um sich z. B. gegen den Partner zu wehren und Ähnliches.

Die Zusammenstellung lässt eine Vielzahl unterschiedlichster Strafmaßnahmen erkennen, so dass die Reduzierung von Strafe auf unwürdige und misshandelnde Verhaltensweisen keineswegs gerechtfertigt ist. Je sicherer die Bindung zwischen Eltern und Kind ist, umso weniger ausgeprägt müssen in vielen Fällen die Strafmaßnahmen sein. Oft reicht ein Blick, eine Geste, eine Ermahnung, um das Kind daran zu hindern, eine bestimmte Verhaltensweise zu zeigen oder zu unterlassen.

Wie Eltern mit Strafe umgehen können

Manche Pädagogen fordern, die Strafe abzuschaffen und stattdessen eine sanktionsfreie Erziehung anzustreben, die stärker den „Diskurs" in den Vordergrund stellt, weil unter dem Vorwand der Erziehung viele Kinder durch Strafmaßnahmen misshandelt werden. Es wurde bereits erwähnt, dass der Begriff der Strafe hier eine Einengung auf seine Perversion erfährt, jedoch in der Praxis der Erziehung weitaus vielfältigere Formen vorgefunden werden.

Daher ist ein zweiter Einwand schwerwiegender: Strafe habe nicht die Wirkung, die von ihr erwartet werde, denn Strafe sei nicht in der Lage, Verhalten langfristig zu ändern. Zudem zeige Bestrafung zahlreiche unerwünschte, schädliche Nebenwirkungen.

Die Aufgabe von Strafe kann es nicht sein, Verhalten langfristig zu ändern. Wie das Beispiel von Kirstens Geigespielen zeigt, können wünschenswerte Verhaltensweisen ausschließlich aufgebaut und gefestigt werden, wenn sie erfolgreich sind oder andere positive, angenehme Folgen wie Lob und Anerkennung nach sich ziehen. Umgekehrt werden Verhaltensweisen abgeschwächt und unterlassen, wenn sie erfolglos sind oder entsprechend negative, unangenehme Folgen haben.

Es sind die schrecklichen Folgen von *entwürdigenden „Strafmaßnahmen"* und *Misshandlung*, auf die die Kritik an der „Strafe" zutrifft, wenn man genau hinschaut. So gesehen ist es also nicht die Strafe, sondern der *Missbrauch* von Strafe in der Erziehung, der nicht nur nicht die gewünschte Wirkung zeigt, sondern darüber hinaus für die Misshandlung so vieler Kinder verantwortlich ist.

Oft wird übersehen, dass Handeln und sich Verhalten immer zwei Komponenten beinhalten: etwas Neues beginnen und erlernen sowie zugleich unterbinden, dass dieses Neue, da es sich nicht um sofort gefestigtes Verhalten handelt, verhindert oder durch andere, nicht damit zu vereinbarende Verhaltensweisen im Ansatz oder auch später wieder zerstört wird.

Erziehung vollzieht sich in einem Raum, in dem junge Menschen in eine natürliche und soziale Umwelt hineinwachsen. Ist es denkbar, dass Eltern tatsächlich ihre Kinder allen natürlichen und sozialen Strafkontingenzen unkontrolliert aussetzen, ohne steuernd einzugreifen, auch wenn ihnen physisch (Krankheiten, Verletzungen), psychisch oder sozial (Kriminalität, Etikettierung, Randgruppen-Dasein u. a.) erhebliche Schäden drohen?

Es gibt zahlreiche empirische Untersuchungen die zeigen, dass Strafe in dem Rahmen, der ihr als Erziehungsmittel zugedacht ist, ein wirksames Mittel ist. Die grundsätzliche Wirksamkeit wird von Wissenschaftlern in der erfahrungswissenschaftlichen psychologischen und pädagogischen Forschung bestätigt (Uhl 1996, 207; Reinecker 1980). Jedoch hängt die *Wirksamkeit* von Strafe nicht von der *Absicht* ab, mit der sie eingesetzt wird, sondern ist *von den Bedingungen abhängig, unter denen sie eingesetzt wird.* Obwohl das grundsätzlich bei der Belohnung auch nicht anders ist, ist dieser Umstand jedoch beim Einsatz von Strafe besonders zu beachten, da sie, anders als bei der Belohnung, durch den Einsatz von unangenehmen, aversiven Nacheffekten bestimmt wird, die, falsch eingesetzt, erheblichen Schaden anrichten können.

Strafe ist ein Mittel, mit dessen Hilfe es gelingen kann, die *Voraussetzung* zur langfristigen positiven Veränderung von Verhalten zu schaffen, indem Kindern durch die Strafe mit ihren Sinnen, mit ihrem Gefühl und, mit zunehmendem Alter immer deutlicher, mit ihrem Verstand erfahrbar wird, wo Grenzen eingehalten werden müssen, was es bedeuten kann, wenn wichtige Grenzen verletzt werden oder wann eine andere Perspektive oder Richtung in ihrem Verhalten notwendig wird. Die *Perspektive* allerdings ergibt sich regelmäßig *nicht* aus der Bestrafung selbst, sondern muss Kindern durch ihre Eltern und Erzieher in den meisten Fällen erst vermittelt werden.

Einige Grundsätze

Strafe kann ein wirksames Mittel der Verhaltenskontrolle sein, wenn es um die Verminderung, die Verhinderung oder den Abbau nicht akzeptabler Verhaltensweisen geht. Mit ihr können jedoch keine gewünschten Verhaltensweisen verstärkt, vermehrt oder neu aufgebaut werden. Als wirksames Mittel der Kontrolle zeigt sich die Strafe freilich auch nur, wenn es dem Erzieher gelingt, bestimmte Bedingungen beim Einsatz von Strafe zu berücksichtigen. Dieser Zusammenhang ist es, der manche Fachleute davor warnen lässt, Strafe überhaupt anzuwenden, und sie alternativ dazu raten lässt, auf andere Mittel wie logische Folgen oder Wiedergutmachung zurückzugreifen. Dabei wird übersehen, dass auch diese wie Strafmaßnahmen wirksam sind und daher den gleichen Bedingungen wie Strafe im engeren Sinne unterliegen, sich möglicherweise jedoch in ihren Nebenwirkungen von dieser unterscheiden.

Häufig oder selten strafen?

Eltern sollten ein Kind nur dann bestrafen, wenn es unbedingt notwendig ist und es keine anderen Möglichkeiten gibt, das nicht gewünschte Verhalten zu unterbinden. *Strafe muss immer das letzte und Unterstützung des gewünschten Verhaltens immer das erste Mittel sein.* Nicht gewünschtes Verhalten darf jedoch auf keinen Fall unterstützt werden, auch nicht unabsichtlich.

Wie können Eltern mit geringeren und mit weniger Strafmaßnahmen auskommen?

Die Wirkung einer Strafe hängt ganz wesentlich von der Beziehung zwischen den Eltern und ihrem Kind ab. Besteht eine emotional warme und vertrauensvolle Beziehung, zeigen milde Strafen im Zusammenhang mit einer Begründung oft bessere Wirkung als härtere Strafen bei einer schwierigen oder gar gestörten Beziehung zwischen Eltern und Kind. Eltern, die das Vertrauen ihrer Kinder genießen, können sich also darauf einstellen, dass sie weniger strafen müssen und mildere Strafmaßnahmen anwenden können. Auch hier gilt aber: Nicht gewünschtes Verhalten darf jedoch auf keinen Fall unterstützt werden, auch nicht unabsichtlich.

Sofort strafen oder später?

Soll eine Strafe wirklich effektiv wirken, muss sie unmittelbar im Zusammenhang, möglichst beim allerersten Auftreten mit der zu bestrafenden Tat, vorgenommen werden, um sicherzustellen, dass sie auch in dem von den Eltern gewünschten Sinne wirkt und nicht andere, positive Verhaltensweisen trifft. Zu häufiges und dazu zu hartes Strafen kann einerseits zu Angst, Unsicherheit und Minderwertigkeitsgefühlen führen, andererseits zu Aggression und unsozialem Verhalten. Zudem wird das Verhältnis zwischen Eltern und Kind erheblich gestört, was wiederum in vielen Fällen Ursache für vermehrtes Strafen ist.

Strafen, die der Tat unmittelbar „auf dem Fuße“ folgen, besitzen die stärkste Wirksamkeit. Auch ist die Aussicht, mit weniger strengen Strafen auszukommen, ein Anreiz für Eltern, Strafen nicht lange hinauszuschieben, vor allem nicht „bis der Vater kommt“.

Ein Beispiel für einen unmittelbaren Zusammenhang zwischen Verhalten und Strafmaßnahme zeigt der Fall Alexandra[15] (vgl. Seite 77).

In vielen Fällen ist der zeitlich unmittelbare Zusammenhang von den Eltern aber nicht immer herzustellen. Oft sind Eltern nicht anwesend, wenn ihr Kind eine Verhaltensweise zeigt, von der Eltern annehmen, dass sie nicht ungestraft bleiben soll. In einem solchen Fall ist es umgehend notwendig, dass die Eltern ihre später folgenden Strafmaßnahmen dem Kind gegenüber begründen, um so den Zusammenhang zwischen Verhalten und Strafe wieder, wenigstens über die Einsicht, herzustellen. Das geht natürlich nur dann, wenn Kinder in der Lage sind, solche Informationen und Botschaften der Eltern aufzunehmen und umzusetzen.

Harte und oder milde Strafen?

Wer kennt diesen Satz nicht: *„Hundertmal haben wir dir schon gesagt, dass du …“* Die Aufforderungen der Eltern „Tu dies nicht, tu jenes nicht“ oder „lass die Finger davon“ und ähnliche Anweisungen werden von Eltern als Strafe im hier definierten Sinne gebraucht. Sie sollen ein nicht gewünschtes Verhalten unterbinden. Genauso klagt die Mutter von *Jacob* darüber: *„Hundertmal kann ich ihm etwas sagen, und er macht es immer noch nicht."* Oft beklagen sich Eltern bei ihren Kindern, dass diese Aufforderungen wirkungslos an ihnen vorübergehen.

Eine Bestrafung vorzunehmen, hat nur dann wirklich Sinn, wenn die Strafe stark oder streng genug ist, das ungewünschte Verhalten auch tatsächlich zu verhindern. Viele Erzieher und auch Eltern haben es mit dieser Forderung sehr schwer. Eigentlich wollen sie nicht strafen. Dann soll die Strafe auch noch hart oder streng sein. Die Angst der Eltern schwingt immer mit, dem Kind durch Strafe etwas anzutun, was sie im Grunde nicht wollen.

Eine nüchterne Überlegung jedoch könnte aus diesem Dilemma helfen. Nehmen Eltern eine „Strafe" vor, die nicht so streng ist, dass sie wie gewünscht als Strafe auf das Kind wirkt, ist es für die Empfindung des Kindes keine Strafe. Diese Maßnahme wirkt dann nicht vermindernd auf das Verhalten und unterbindet es nicht, sondern bekräftigt die nicht gewünschte Verhaltensweise oft. Wenn Eltern einem Kind „hundertmal" etwas sagen müssen, hat das Kind gelernt, dass es der Aufforderung der Eltern „hundertmal" nicht folgen muss. Es ist besser, keine Strafe vorzunehmen als eine Maßnahme, der das Kind am Ende doch nicht folgt. *Es ist niemals notwendig, einem Kind eine Botschaft mehr als einmal mitzuteilen, es sei denn, die Botschaft ist vom Kind nicht verstanden worden oder es ist aus anderen Gründen objektiv daran gehindert, ihr zu folgen.*

Die Stärke der Strafe ist ein Merkmal für ihre Wirksamkeit. Je strenger eine Strafe ausfällt, umso wirksamer ist sie, jedoch nur innerhalb bestimmter Grenzen. Optimal ist, wenn die Stärke der Strafe genau so dosiert werden kann, dass das gesteckte Ziel erreicht wird. Alles, was darüber hinausgeht, ist meist mit ungewünschten Nebenwirkungen verbunden. Schon allein aus diesem Grunde verbieten sich zu harte Strafen, entwürdigende Maßnahmen und Misshandlung, von den ethischen Gründen ganz zu schweigen. Alles, was unterhalb dieser Wirkung bleibt, läuft Gefahr, das gewünschte Ziel nicht zu erreichen und wie eine Verstärkung des nicht gewünschten Verhaltens zu wirken.

Eine verabreichte Strafe ist dann am wirkungsvollsten, wenn sie sofort angemessen stark gegeben wird. Die Wirkung wird abgeschwächt, wenn eine anfangs schwache Strafe später erst eine allmähliche Steigerung erfährt. Handelt es sich um ein wiederkehrendes Verhalten, das bestraft werden soll, ist hier ganz besonders darauf zu achten, dass die Bestrafung sofort beim ersten Auftreten erfolgt. Die Wirksamkeit verliert sich, wenn die Eltern erst nach wiederholtem Auftreten beginnen, das Verhalten zu bestrafen.

Wie stark aber eine Strafe sein muss, um die erwünschte Wirkung zu erzielen, hängt von verschiedenen Faktoren ab. Allgemein kann gesagt werden: *Je intensiver und vertrauensvoller die Beziehung zwischen Kind und Eltern ist, umso wirksamer sind milde Strafen.* Umgekehrt müssen Strafen umso strenger ausfallen, wenn sie von Erziehern verabreicht werden, zu denen das Kind keine, eine nur oberflächliche oder gar eine gestörte Beziehung hat. Hierbei ergeben sich jedoch häufig Probleme mit der Akzeptanz der Strafe durch das Kind.

Wird eine Strafe mit einer Information oder Begründung der Strafhandlung verbunden oder ist diese dem Kind auch ohne eine verbale Erklärung unmittelbar einsichtig, ist die Wirksamkeit auch bei milderen Strafen hoch.

Wird eine Strafe regelmäßig im Zusammenhang mit einer bestimmten Verhaltensweise verbunden, ist ihre Wirksamkeit ebenfalls sehr hoch. Sie schwächt sich ab, je weniger konsequent sie auf diese Verhaltensweise folgt.

Es gibt Kinder, die auf sehr geringe Strafreize stark reagieren und andere, die selbst unter dem Einfluss härterer Strafen ihre Verhaltensweisen nicht oder nur geringfügig verändern. Je besser Eltern ihre Kinder kennen, umso besser können sie ihr Verhalten bei Einwirkung einer Strafe einschätzen.

Zu strenge Strafen erzeugen im Kind ein hohes Angstpotenzial. Große Angst hindert ein Kind, den Anforderungen, die an es gestellt werden, nachzukommen. Angst vor Strafe kann geradezu beim Kind zu solchen Handlungen führen, die erneut zu Strafen Anlass geben können. Ein großes Angstpotenzial kann aber auch Ursache für erhebliche Aggressionen sein, die in der Folge oder in der Erwartung einer Strafe auftreten können.

Zu strenge Strafen können die Lernfähigkeit erheblich beeinträchtigen. „Angst macht dumm!" Es ist besonders im Bereich der Schule und des Lernens darauf zu achten, dass möglichst wenig strenge Strafmaßnahmen angewendet werden müssen. Wenn sie tatsächlich notwendig sind, müssen sie genau „dosiert" werden. Weitaus besser ist es, mit unterstützenden Maßnahmen das gewünschte Verhalten aufzubauen, damit Strafen erst gar nicht notwendig werden, wenn das möglich sein sollte. Insofern sollten Arbeiten für die Schule niemals als Strafe eingesetzt werden.

Von milden Strafen lassen sich Kinder hingegen oft nach kurzer Zeit nicht mehr beeinflussen. Je milder eine Strafe ist, umso eher schwindet ihre Wirkung und tritt eine Gewöhnung ein. Diese Gewöhnung kann selbst bei starken Strafen beobachtet werden. Um eine Gewöhnung zu verhindern, kann es u. U. notwendig sein, die Strafformen zu wechseln.

Sollen Strafen begründet und erklärt werden?

Durch den Einsatz von Erklärungen und Begründungen kann die Wirksamkeit einer Maßnahme erheblich gesteigert werden. So wurde festgestellt, dass eine leichte Bestrafung, verbunden mit einer für das Kind eindeutigen und klaren Begründung, ebenso wirksam ist wie eine stärkere Bestrafung ohne entsprechende Begründung. *Wirksamer als lange, umständliche Erklärungen sind kurze, aber eindeutige Erklärungen.* Lange, umständliche Erklärungen wirken auf Kinder und Jugendliche wie „Moralpredigten", die aus sich selbst heraus schon wieder einen „Strafcharakter" haben und von daher zumeist abgelehnt werden.

Begründungen sollen die Einsicht fördern, müssen daher positiven, die gewünschten Verhaltensweisen tatsächlich unterstützenden Charakter haben und dürfen nicht wie eine zusätzliche Strafe wirken.

Wichtig ist, dass eine Begründung der Strafe für das Kind eine Alternative zum Verhalten aufzeigt, die für das Kind einsehbar und nachvollziehbar ist.

Wie konsequent muss Bestrafung erfolgen?

Haben sich Eltern einmal entschlossen, eine Verhaltensweise nicht durchgehen zu lassen, sondern sie durch Strafe zu unterbinden, muss dieses Verhalten auch weiterhin konsequent unterbunden werden. Geschieht das nicht, wirkt die Unterbrechung der Bestrafung wie eine Belohnung, d. h. die nicht gewünschte Verhaltensweise unterstützend. Sie nimmt daher nicht ab, sondern eher zu. Im Allgemeinen gilt, dass das zu unterbindende Verhalten in der ersten Zeit unmittelbar nach jedem Auftreten bestraft werden muss und zwar so lange, bis deutlich zu erkennen ist, dass es abgenommen hat oder nicht mehr gezeigt wird.

Für Eltern entsteht dadurch eine kritische Situation. Froh, den Druck, das Kind strafen zu müssen, los zu sein, wird der seltener auftretenden Verhaltensweise weniger Beachtung geschenkt. Tatsächlich darf das Verhalten freilich auch dann nicht unbeobachtet bleiben. Allzu leicht wechseln in dieser Phase Strafe und Belohnung ab, denn *eine erwartete, aber nicht eingetretene Strafe wirkt wie eine Belohnung und damit wie eine Unterstützung des nicht akzeptierten Verhaltens.* Dadurch wird das Verhalten nicht mehr weiter abgebaut, sondern richtet sich auf Dauer ein. Danach ist es sehr schwer, eine solche auf Dauer eingerichtete Verhaltensweise überhaupt noch zu unterbinden.

Wenn durch kontinuierliche Unterbindung die Häufigkeit des Verhaltens deutlich abgenommen hat, wird es in der Regel zwar nicht mehr notwendig sein, es bei jedem Auftreten, wie in der Anfangszeit, zu bestrafen. Jedoch sollte dem Kind immer wieder signalisiert werden, dass dieses Verhalten nicht geduldet wird. Das kann auch durch andere, mildere Strafformen wie Mimik, Gestik, Ermahnung etc. geschehen, wenn sie sich als ausreichend wirksam erweisen. Die Eltern müssen sich aber auf einen langwierigen Prozess einrichten, währenddessen es immer wieder notwendig sein kann, zu der einen oder anderen konsequenteren Strafform zu greifen, bis ihr Kind durch innere Bereitschaft, Selbstständigkeit und Einsicht das Verhalten endgültig ganz ablegt.

Gelingt es den Eltern in dieser Zeit, dem Kind zu helfen, durch Motivation und positive Unterstützung Alternativverhalten aufzubauen, wird das kritisierte Verhalten verschwinden. Die Bemühung des Aufbaus von Alternativen des Verhaltens darf auf keinen Fall unterbleiben.

Der Alltag bereitet den Eltern aber regelmäßig besondere Schwierigkeiten. Es hört sich alles so gut an, das nicht gewünschte Verhalten beim ersten Auftreten unmittelbar und bei jedem weiteren Auftreten danach ebenfalls sofort zu bestrafen, um die Wirksamkeit der Strafe sicherzustellen. In vielen Fällen erleben die Eltern das erste „Fehlverhalten" gar nicht mit, weil sie in dem Moment nicht anwesend sind oder nicht eingreifen können. Oft erfahren sie erst von einem im Ansatz bereits gefestigten ungewünschten Verhalten ihres Kindes. In einem anderen Fall können sie zwar das erste Auftreten unterbinden, erleben aber das weitere Auftreten des Verhaltens nicht, eben weil sie nicht dabei sind, vielleicht auch nicht darauf achten.

Das Prinzip, wie solche Verhaltensweisen zu verhindern sind, verändert sich dadurch nicht, es verschieben sich möglicherweise die Schwerpunkte: Es müssen unter Umständen strengere und andere Strafformen gefunden werden, die sehr einprägsam sind. Es werden größere Anstrengungen gemacht werden müssen, um die Einsichtsfähigkeit zu fördern und den Willen des Kindes, dieses Verhalten zu unterlassen.

Auch soll noch einmal auf die Bedeutung der Beziehung zwischen Eltern und Kind hingewiesen werden. Diese Beziehung wirkt auch über die unmittelbare Sphäre des Hauses und der Anwesenheit der Eltern hinaus. Verhaltensmaßstäbe, die Eltern ihren Kindern vermitteln, legen die Kinder nicht an der Haustüre ab, wenn sie das Haus verlassen. Dadurch besteht die Chance, dass das Kind, wenn es auch vorübergehend in Abwesenheit der Eltern deren Verhaltensmaßstäben nicht folgt, doch zu ihnen zurückkehrt, wenn die Eltern ihren Maßstäben treu sind und diese den Kindern nicht aufzwingen, sondern versuchen, ihre Kinder zu überzeugen. Der Aufbau des Alternativverhaltens darf auf keinen Fall vergessen werden. Es darf auch nicht vergessen werden, die Kinder mit zunehmender Selbstständigkeit dahin zu führen, eigene Maßstäbe zu entwickeln, denen sie folgen wollen.

Viel hängt von der Konsequenz der Eltern ab. Es gibt Eltern, denen ist es zu mühsam, ein Kind nach einem Fehlverhalten, durch das sie persönlich vielleicht nicht direkt betroffen sind, zu bestrafen. Allein der Ärger und die Auseinandersetzungen mit ihrem Kind werden von manchen Eltern gescheut. Ganz besonders gilt das im Falle eines regelmäßigen oder unregelmäßigen Auftretens des Verhaltens.

Eltern müssen einen langen Atem haben, wenn sie Fehlverhalten unterbinden wollen, das sich „festgesetzt" hat. Sie müssen sich auch auf eine Menge Ärger mit ihrem Kind einlassen, der für sie unmittelbar ein sehr unangenehmer Nacheffekt sein wird. Manche Eltern unterlassen deshalb das Strafen ihrer Kinder mit der Folge, späteres Fehlverhalten kaum noch unterbinden zu können.

Unter Umständen muss, wenn ganz gravierende kritische Verhaltensweisen vorliegen, das Kind aus der Situation, in der das Verhalten auftritt, herausgenommen werden (Time-out). Das kann auch die Herausnahme aus einer Gruppe, aus der Schulklasse, der Schule oder dem Freundeskreises bedeuten.

Manchmal wirkt auch schon die konkrete Ankündigung einer solchen Maßnahme, wenn dem Kind deutlich ist, dass seine Eltern diese Ankündigung tatsächlich durchführen werden.

Gibt es eine Gewöhnung an Bestrafung?

Eine Gewöhnung an bestimmte Strafformen und auch an eine bestimmte Stärke einer Strafe ist häufig festzustellen. Daher kann es notwendig sein, sollte sich eine Strafmaßnahme über einen längeren Zeitraum erstrecken müssen, die Art der Strafmaßnahme zu verändern. Das geht jedoch nur dann, wenn in einem bestimmten Fall auch andere Strafen wirksam sind und sollte genau geprüft werden. Insbesondere, wenn nur schwache Strafen eingesetzt werden, sollte eine längere „Strafperiode" vermieden werden, da durch den eintretenden Erholungseffekt die Wirkung der Strafe verloren gehen kann. Wichtig ist zu beachten, bei längeren Strafperioden nicht zunächst mit „milden" Strafen zu beginnen und die Intensität später steigern zu müssen. Dabei ist der „Gewöhnungseffekt" am stärksten und die Wirkung der Maßnahmen am geringsten.

Weitere Aspekte

Wenn Eltern strafen, sollte darauf geachtet werden, kein Ausweichen auf andere Verhaltensweisen zu ermöglichen, die dann wieder bestraft werden müssen. Solches Ausweichen auf eine andere Verhaltensweise zeigt *Jacob*, als ihm ein Pflaster auf den Mund geklebt wird, um sein Beißen zu verhindern. Nun holte sich der Junge einen Ast und schlug auf andere Kinder ein.

Wenn Verhalten bestraft wird, dem ein wichtiges Bedürfnis des Kindes zugrunde liegt, sollte dem Kind eine andere, positive Möglichkeit angeboten werden, dieses Bedürfnis zu befriedigen. Eine solche Forderung zu erfüllen, ist in der Praxis jedoch nicht ganz einfach.

Eltern, die häufig strafen, können für ihr Kind negative Verhaltensmodelle sein. Es konnten Fälle beobachtet werden, in denen Kinder, die bestraft wurden, bestraftes Verhalten nicht aufgaben, aber bei der nächsten Gelegenheit das ihnen gegenüber gezeigte Strafverhalten gegen die Eltern richteten.

Eltern sollten möglichst darauf achten, solchen Strafreizen den Vorzug zu geben, die einen sachlichen Zusammenhang mit dem Verhalten des Kindes haben, weil die Wirkung der Strafe dann stärker ist und nicht so harte Strafen gewählt werden müssen. Ein solcher Zusammenhang ist bei *Marc*, *Mathilde* und *Damian* zu erkennen. Ist dieser Zusammenhang nicht gegeben, müsste er erst „künstlich“ hergestellt werden. Diesen „künstlichen“ Zusammenhang zeigt das Beispiel *Isabell*. Die Verspätungen in der Schule hatten keinen sachlichen Zusammenhang mit den Reitstunden des Mädchens. Dieser Zusammenhang wurde erst durch das Verhalten der Eltern, jedes Mal bei Verspätungen in der Schule eine Reitstunde nicht mehr zu bezahlen, hergestellt.

Die Herstellung eines „künstlichen“ Zusammenhanges zwischen einem Verhalten und einer Strafe ist den meisten Menschen noch durch die Körperstrafe oder das Schreien bzw. Anschreien bekannt. Früher wussten die meisten Kinder, dass ihnen, wenn sie etwas „angestellt“ hatten „die Ohren lang gezogen“ wurden, sie eine „Ohrfeige“ bekamen oder sich auf eine „Tracht Prügel gefasst machen“ mussten. Mehr oder weniger regelmäßig wurden sie so bestraft, das wussten sie ganz genau. Heute treten diese Strafreize zurück zugunsten anderer Maßnahmen, die aber oft nicht mit der früheren Unmittelbarkeit und Regelmäßigkeit erfolgen. Körperstrafen und Anschreien sind universelle Strafreize, da sie unmittelbar, fast überall und regelmäßig angewendet werden konnten. Dadurch war es einfach, einen Bezug zwischen Tat und Strafe „künstlich“ herzustellen, denn ein sachlicher Bezug zwischen Verhalten und diesen Strafreizen war selten gegeben. Eltern mussten nicht erst überlegen, welche Art von Maßnahmen sie in einer Situation anwenden konnten. Was sich auf der einen Seite als „Vorteil“ für die Wirksamkeit von Strafe erwies, führte daher auf der anderen Seite schließlich häufig zum Missbrauch.

Unangemessene Strafen haben Nebenwirkungen

Strafen können ungewünschte Nebenwirkungen zeigen. Diese Nebenwirkungen treten nicht zwangsläufig ein, sind aber dann zu erwarten, wenn unangemessene Strafen verabreicht werden: so z. B. durch häufiges Strafen, zu starke oder zu schwache Strafen, ungerechte Strafen, unerwartete, insbesondere zu harte Strafen, Strafen bei fehlender Einsicht, entwürdigende Strafen. Selbstverständlich bei Misshandlungen ganz besonders. Um diese ungewünschten Nebenwirkungen zu vermeiden, sollten Eltern stets um situationsgerechte Strafen und um ein gutes Verhältnis zu ihrem Kind bemüht sein.

Ungerechtfertigte Bestrafung führt zu Angst, Unsicherheit, Minderwertigkeitsgefühlen, Ingratiation[16] und Aggression

Zu häufiges und dazu zu hartes Strafen kann einerseits zu Angst, Unsicherheit und Minderwertigkeitsgefühlen führen, andererseits zu Aggression und unsozialem Verhalten. Zudem wird dadurch das Verhältnis zwischen Eltern und Kind erheblich gestört, was wiederum in vielen Fällen Ursache für vermehrtes Strafen ist.

Hartes und häufiges körperliches Strafen scheint aggressives Verhalten zu fördern. Es sind drei Möglichkeiten denkbar:

1. Der Strafende gilt ganz allgemein als Verhaltensmodell: „Wer aggressiv ist, setzt sich durch."
2. Der Strafreiz wird durch die Aggression unterbunden oder verhindert. Diese Art der Aggression wirkt dann durch die positiven Folgen, die das aggressive Verhalten mit sich bringt.
3. Aggression ist eine durch physische Bestrafung provozierte Aggression. Wie Azrin und Holz (1980, 135) berichten „scheint es, dass die Vergabe intensiver, schmerzhafter Stimulation zur Aggression oder zum Angriff gegenüber Individuen führt, die sich lediglich in der Nähe befinden". Damit würde sich ein Versuch, eine ungewünschte Verhaltensweise, z. B. Schlagen, durch Zufügen von starken Schmerzen zu unterbinden, möglicherweise ins Gegenteil verkehren können.

Die Person des Erziehers selbst wird zu einem Strafreiz für das Kind

Aus dem Bericht der Erzieherinnen in *Jacobs* Kindergarten geht hervor, dass Jacob beißt.

Manchmal wissen die Erzieherinnen sich nicht mehr zu helfen, dann kleben sie ihm nach einer Beißattacke ein Pflaster auf den Mund oder sperren ihn allein in einen Raum.

Allein in einem Raum eingesperrt zu sein, muss für Jacob wohl zu den schrecklichsten Strafen gehören. Das Pflaster signalisiert allen Kindern der Einrichtung: „Da kommt der Beißer, seid auf der Hut." Es dürfte hier auch Solidarität zwischen allen Kindern der Einrichtung und ihren Erzieherinnen geben, in die jedoch Jacob nicht eingebunden ist. Jacob ist dann das einsamste Kind in der Einrichtung. Alle haben sich gegen ihn verbündet. Er, der mit allen seinen Sinnen erfahren muss, dass er wahrgenommen wird, wird eines wichtigen Sinnes beraubt und dann auch noch eingesperrt. Er will dazugehören und mitmachen, wie alle anderen Kinder auch. Er ist sich deshalb keiner Schuld bewusst. Er spürt nur, dass er bestraft wird, und zwar hart und aus seiner Sicht ungerecht. Deshalb sagt er oft, dass er nicht in den Kindergarten gehen will, und von seiner Erzieherin, dass er sie nicht mag. *„Immer sagt er: ‚Die mag mich nicht leiden'; ‚Die sperrt mich ein'" berichtet seine Mutter.*

Einige der Nebenwirkungen von Strafe zeigen sich in dem Verhältnis zwischen Jacob und seiner Erzieherin.

Jacob hat das Gefühl, von seiner Erzieherin zu hart und ungerecht bestraft zu werden. Immer, wenn er auch nur an seine Erzieherin denkt, denkt an daran, dass sie ihn nicht leiden kann und ihn einsperrt. Im Denken und Fühlen von Jacob hat sich eine feste Verbindung zwischen der Person der Erzieherin und den durch sie erlittenen Strafen gebildet. Diese Verbindung ist für Jacob nicht mehr aufzulösen. Mit neutralen Gefühlen kann er ihr nicht mehr begegnen. Die Erzieherin selbst ist nun für Jacob eine unangenehme Erfahrung, ein unangenehmer Reiz, ein „Strafreiz“ geworden und wirkt auf ihn wie ein „rotes Tuch“. Die pädagogische Beziehung zwischen beiden hat einen nur noch schwer behebbaren Schaden erlitten.

Das geschieht nahezu überall, wo ganz bestimmte Strafhandlungen, zu häufiges Strafen, zu hartes Strafen, ungerechtes Strafen und vor allem unvorhergesehenes Strafen mit einer bestimmten Person assoziiert werden. Sich dagegen zu wehren ist nahezu unmöglich, weil die Erfahrung der Strafe im Gefühl fest mit der Person verknüpft wurde und schon beim Gedanken an diese Person Angst oder auch Aggression ausgelöst wird.

Auch Eltern können zu einem solchen Strafreiz für das Kind werden. Da ist der Vater, der nach der Arbeit nach Hause kommt und dem die Mutter, kaum, dass er die Schuhe ausgezogen hat, erzählt, mit welcher Tat das Kind heute wieder seine Strafe „verdient“ habe. Mit dem Vater, der dann das Kind straft, verknüpft sich ebenfalls im Laufe der Zeit der Strafreiz. Kann sich ein Kind dann noch auf die Ankunft des Vaters freuen? Es wird auch an dem Abend des Tages keine Freude mehr empfinden, an dem nichts Strafbares vorgefallen ist. Aber nicht nur das. Selbst die Tageszeit, zu der der Vater nach Feierabend die Wohnung betritt, wird beim Kind mit dem Strafreiz verknüpft. Je nach Intensität des Strafens durch den Vater löst das Herannahen dieser Zeit beim Kind bereits Angstgefühle aus und das Verhältnis zum Vater wird erheblich gestört. Daraus ist zu ersehen, dass eine Verknüpfung nicht nur mit Personen möglich ist, sondern auch mit Situationen, Sachen und Zuständen. Von hier aus wird verständlich, warum Sina Angst vor Hausaufgaben hat.

Strafen führen zu Vermeidungs- und Fluchtverhalten

Sina. *Sina klagt morgens vor der Schule über Kopf- und Bauchschmerzen.*

Sina ist im ersten Schuljahr der Grundschule. Jeden Tag kommt sie aus der Schule nach Hause und berichtet den Eltern, dass ihre

Hausaufgaben „schon wieder falsch" gewesen seien. Dabei sind doch nur Kreise und Dreiecke mit Stiften farbig auszumalen. Die Angst stellt sich ein, kaum, dass sie aus der letzten Stunde nach Hause geht und an ihre Hausaufgaben denkt. Dabei möchte sie alles gut machen und gibt sich sehr viel Mühe. Am liebsten würde sie keine Hausaufgaben mehr machen. Da das aber nicht geht, bittet sie ihre Eltern um Hilfe. Jeden Tag schauen sich ihre Eltern die fertige Hausaufgabe an und finden keinen Fehler. Alle Aufgaben sind gemacht, soweit erkennbar richtig, alle geometrischen Figuren sorgfältig und sauber ausgemalt. Und doch kommt das Kind jeden Tag wieder nach Hause mit dem gleichen niederschmetternden Ergebnis: Die Hausaufgaben waren wieder falsch, habe die Lehrerin gesagt. Sie seien alle mit den falschen Farben ausgemalt worden. Aber alles ist so gemacht, wie die Aufgaben im Arbeitsbuch beschrieben sind. In Sinas Verhalten ist deutlich der Unwille zu spüren, mit dem die Lehrerin Sinas Hausaufgaben als falsch bewertet. Sina fühlt sich jeden Tag bestraft und weiß nicht warum. Endlich ist es dem Vater möglich, ein Gespräch mit der Lehrerin zu führen. Sina sei, so sagte die Lehrerin dem Vater, wohl etwas „begriffsstutzig". Sie male die geometrischen Figuren immer mit den falschen Farben aus. Als der Vater nun endlich eine Erklärung verlangte, erfuhr er durch die Lehrerin, dass sie die Kinder angewiesen habe, zum Ausmalen nur genau die Farben zu nehmen, aus denen die Vorbilder des Arbeitskästchen – es waren kleine Plastikplättchen – bestehen. Das hatte Sina entweder nicht verstanden oder die Lehrerin hatte es nicht deutlich genug erklärt. Als der Vater Sina das erklärte, nahm sie immer die „richtigen" Farben.

Trotzdem machte Sina von da an ihre Hausaufgaben nicht mehr selbstständig. „Ich kann das nicht" oder „dann ist das ja wieder falsch", waren ihre Antworten, die sie den Eltern immer gab. Sie verbrachte so viel Zeit mit ihren Aufgaben, dass ihre Eltern es nicht mehr ohne einzugreifen zulassen wollten. Meist war es der Vater, der sich ihrer dann annahm und mit ihr übte. „Papa kommst du?", war ihre erste Frage, bevor sie überhaupt ihre Materialien auf den Tisch legte. Dabei blieb es aber nicht. Bald klagte das Mädchen regelmäßig über Bauch- und Kopfschmerzen, wenn sie morgens zur Schule gehen sollte. Sie fehlte auch häufig wegen Krankheit. Medizinisch war jedoch kein Befund festzustellen. Die erste Besserung trat nach einem Gespräch mit Sinas neuer Lehrerin ein. Es wurde vereinbart, dass Sina in einem Versuch drei Wochen lang ihre Hausaufgabe völlig ohne die Hilfe der Eltern anfertigte und die Lehrerin in dieser Zeit ganz besonders auf Stärken und Schwächen des Mädchens achtete. Danach sollte Bilanz gezogen und über weitere Maßnahmen gesprochen werden. Ihre Hausaufgaben machte das Kind von da an immer ganz ohne die Hilfe der Eltern. Die Bauch- und Kopfschmerzen verloren sich aber erst nach dem Wechsel auf eine andere Schule.

Hier, bei Sina, verbindet sich der Strafreiz mit den Hausaufgaben, die Sina am liebsten nicht mehr machen würde, und mit der Lehrerin, die Sina das Etikett „begriffsstutzig" aufdrückte. Es war das unvorhersehbare und aus ihrer Sicht ungerechtfertigte Strafen, das Sina so schockte. Zudem war sie in der ersten Klasse, wollte natürlich der Lehrerin gefallen und war besonders bemüht, alles richtig zu machen. Im Falle Sinas hat sich dieser Strafreiz derart mit den Hausaufgaben verknüpft, dass diese lange Jahre für Sina stark angstbesetzt waren, das Kind kein Selbstvertrauen gewann und ständig nach der Hilfe der Eltern verlangte.

Sina wurde dadurch die Motivation für das Lernen in der Schule zerstört. Sie konnte nur ganz langsam wieder aufgebaut werden.

Mit der Hilfe ihres Vaters versuchte Sina, Bestrafungstendenzen durch die Schule zu vermeiden. Sie beugte der Bestrafung durch das vernichtende Urteil der Lehrerin vor, in dem sie Ihre Eltern zu Hilfe holte. Sina baute *„Vermeidungsverhalten"* auf, eine charakteristische Nebenwirkung von Bestrafung.

Durch bestimmte Verhaltensweisen schützt sich das Kind davor, unangenehme Erfahrung überhaupt erst machen zu müssen. Zu solchen Verhaltensformen gehören vor allem auch das Lügen, Mogeln, und Schuleschwänzen oder wie bei Sina, sich Hilfe zu holen.

Eine andere Art, sich vor Strafe zu schützen, ist das *„Fluchtlernen"*, der Versuch, den Strafreiz durch eine Aktion zu *beenden oder* der Strafsituation zu *entfliehen.*

Der Bestrafungsprozess bringt als Nebeneffekt auch die Tendenz mit sich, nicht nur aus der speziellen, sondern aus der *gesamten Bestrafungssituation* zu entfliehen. Sina wollte nicht nur der unangenehmen Situation mit den Hausaufgaben entkommen, sondern auch der *gesamten Schule, die als Ganzes schon den Charakter eines Strafreizes bei ihr angenommen hatte.*

So zeigte sie *Fluchttendenzen*, Kopf- und Bauchschmerzen, die ihr dazu verhalfen, öfter aus der Schule fernzubleiben und eine Entschuldigung zu haben, wenn sie keine Hausaufgaben machte.

Das ist eine unmittelbare positive Folge des Krankseins, aus der jedoch eine mittelbare sehr negative Folge schnell erwachsen kann: die Leistungsschwäche mit all ihren späteren weiteren negativen Folgen. Daher setzen Eltern alles ein, diese Folge möglichst nicht eintreten zu lassen.

Erst der Wechsel der Schule setzte dieser Fluchttendenz bei Sina ein Ende.

Sofern Eltern solche Auswirkungen feststellen, kann im Allgemeinen davon ausgegangen werden, dass Fehler gemacht wurden.

Vermeidungs- und Fluchtlernen und ihre Folgen

***Jacob** setzt sich gegenüber seiner Mutter beim Essen durch.*

Jacobs Mutter berichtet, dass Jacob sein Essen nie aufessen will und trotzdem seinen Nachtisch erhält.

Es zeigt sich, dass eine geregelte Nahrungsaufnahme für viele Kinder ein aversiver Reiz ist, eine reichlich unangenehme Angelegenheit. Stundenlang können sie vor ihrem halb gefüllten Teller verharren im Kampf mit den Eltern, ob der Teller nun leer gemacht werden muss oder das Kind den Rest stehen lassen darf. Kinder ziehen alle Register, wenn sie sich erhoffen, eine ungeliebte Mahlzeit nicht essen zu müssen. Sie stochern im Essen herum, schieben den Teller weg, kauen nahezu eine halbe Stunde an einem einzigen Stück Fleisch, spucken das Essen auf den Teller, würgen, übergeben sich, weinen, schimpfen über das Essen, hampeln herum, reden ununterbrochen und haben ihre Hände überall, nur nicht beim Essen.

Für Eltern sind diese Ereignisse gekoppelt mit dem Gefühl der Hilflosigkeit. Und dieses Gefühl selbst wird wieder als unangenehm empfunden. Sie versuchen, dem zu entgegnen, so gut es geht, oft mit Strafreizen: „Du bleibst so lange am Tisch sitzen, bis du deinen Teller leer hast" und „wenn du den Teller nicht leer machst, bekommst du keinen Nachtisch", oder „iss wenigstens dieses und jenes". Auch Selbstdisziplin ist bei den Eltern gefragt: „Ich bleibe so lange neben dir sitzen, bis du dein Essen gegessen hast."

Bei Jacob muss es so ähnlich gewesen sein. Wieso gelingt es Jacob, den Nachtisch zu erhalten, und warum gibt Jacobs Mutter auf?

Hier finden wir eine Situation, in der das Kind, Jacob, sich durchsetzt und die Mutter nachgibt. Diese Erscheinung ist in einer Familie oft anzutreffen und muss mit dem Erfahren und Erleben von Strafimpulsen, also unangenehmen Zuständen einerseits und angenehmen Erfahrungen andererseits zu tun haben. Offenbar ist auf der einen Seite Jacobs Gegenwehr gegen das Essen und sein Kampf um den Nachtisch für ihn eine erfolgreiche Strategie. Aber auch das Nachgeben muss für die Mutter subjektiv einen positiven Nacheffekt haben. Die Verhaltensweisen auf beiden Seiten passen wieder zueinander wie ein Schlüssel zum Schloss und wurden bereits als der *Kreislauf von Belohnung und Bestrafung beschrieben* (Seite 61 ff).

Das nachfolgende Schaubild verdeutlicht die Situation:

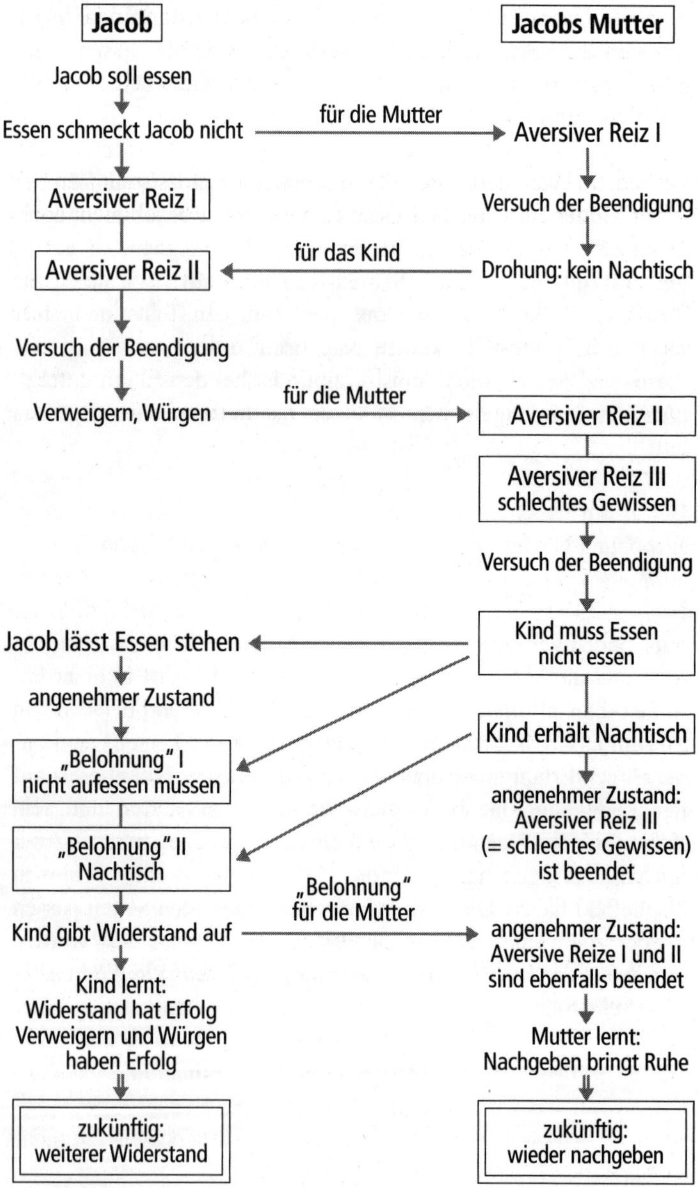
Jacob
Jacobs Mutter
Jacob soll essen
Essen schmeckt Jacob nicht
für die Mutter
Aversiver Reiz I
Aversiver Reiz I
Versuch der Beendigung
für das Kind
Aversiver Reiz II
Drohung: kein Nachtisch
Versuch der Beendigung
für die Mutter
Verweigern, Würgen
Aversiver Reiz II
Aversiver Reiz III schlechtes Gewissen
Versuch der Beendigung
Jacob lässt Essen stehen
Kind muss Essen nicht essen
angenehmer Zustand
Kind erhält Nachtisch
„Belohnung" I nicht aufessen müssen
angenehmer Zustand: Aversiver Reiz III (= schlechtes Gewissen) ist beendet
„Belohnung" II Nachtisch
„Belohnung" für die Mutter
Kind gibt Widerstand auf
angenehmer Zustand: Aversive Reize I und II sind ebenfalls beendet
Kind lernt: Widerstand hat Erfolg Verweigern und Würgen haben Erfolg
Mutter lernt: Nachgeben bringt Ruhe
zukünftig: weiterer Widerstand
zukünftig: wieder nachgeben

In diesem Beispiel hört der „Kampf" zwischen Eltern und Kind auf, weil die Eltern nachgeben. Das kann geschehen, weil das ursprüngliche Verhalten der Mutter, Jacob dazu zu bringen, seinen Teller zu leeren und ihr Widerstand, ihm im anderen Falle keinen Nachtisch zu servieren, nicht durch andere Umstände verstärkt werden. Im Gegenteil, durch das Würgen des Kindes stellt sich bei seiner Mutter ein schlechtes Gewissen ein, ob sie Jacob nicht doch zu viel zugemutet hat. Das ist für Jacobs Mutter ein starker, unangenehmer Reiz, dem sie nicht lange standhält. Der Wunsch der Mutter, ihren eigenen Widerstand aufzugeben, wird aber noch durch eine andere Tatsache unterstützt. Sie sagt, es lohne sich nicht, dass es wegen eines so dummen Desserts ständig zu Streit zwischen Jacob und ihr komme. Sie habe nicht mehr die Kraft dazu. So serviere sie ihm eben das Dessert. Es sei außerdem fast das Einzige, was er regelmäßig und ohne Murren zu sich nehme. Offenbar hilft ihr diese Sichtweise, nachzugeben und den Kampf so zu beenden.

Unberücksichtigt bleiben Jacobs Lernerfahrungen. Jacob lernt, dass sich Widerstand gegen einen unangenehmen Zustand lohnt, dass die Mittel des Widerstandes u. U. zweitrangig sind und der Widerstand nur stark genug sein muss, um unangenehme Situationen nicht erdulden zu müssen. Da die so erworbenen Lernerfahrungen nicht auf den Bereich beschränkt bleiben, in dem sie erworben wurden, kommt es zu vielen solcher Auseinandersetzungen zwischen Jacob und seiner Mutter. Nicht immer kann die Mutter aufgeben. So ziehen sich die Konfrontationen durch Jacobs Familie und seine Kindheit.

Im letzten Beispiel ist es Jacob, dessen Abwehrverhalten gegen die Forderung seiner Mutter, sein Essen zu essen, durch sein und seiner Mutter Verhalten verstärkt und weiter aufgebaut wird. Auch der umgekehrte Fall ist in den Familien zu finden. Bei Familie Eckermann findet das Abwehrverhalten der Mutter positive Unterstützung durch ihre eigenen Verhaltensweisen im Zusammenspiel mit dem Verhalten ihrer Kinder. Hier ist es das Anschreien ihrer Kinder, das der Mutter zum Erfolg verhilft.

Familie Eckermann: *Frau Eckermann setzt sich gegen ihre Kinder mit Hilfe des Anschreiens durch.*

Sobald es etwas wärmer wird und Kinder wieder draußen spielen können, sind die beiden Kinder der Familie Eckermann ebenfalls da. Dann schallt auch die durchdringende Stimme Frau Eckermanns wieder über den Spielplatz, sobald eines ihrer Kinder weint, weil es Streit gibt oder aus einem anderen Anlass. Für den nicht betroffenen Zuhörer ist das eine unangenehme Situation. Aber die beiden Kinder scheinen es nicht anders zu kennen. Sie wissen, wenn die Stimme der Mutter so durchdringend ruft, dann haben sie zu folgen. Spricht die Mutter die Kinder dagegen in einem dezenten Ton an und trägt ihnen z.B. eine Aufgabe auf, geschieht zunächst einmal gar nichts, sie spielen weiter, als hätten sie ihre Mutter nicht vernommen. Auch eine Rüge oder Zurechtweisung nehmen sie ganz gelassen hin. Aber wehe, die Mutter schreit sie an. Dann haben sie zu gehorchen, und das machen sie dann auch. Aber erst dann.

Schreien, insbesondere Anschreien kann ein sehr unangenehmer Strafreiz sein. Die Lautstärke, der Tonfall, die Tonlage der Stimme, der damit verbundene Gesichtsausdruck und die Gefahr, sollte die Situation nicht ernst genommen werden. Ina und Björn haben da Erfahrung.

Meistens fängt die Situation harmlos an. Die Mutter teilt ihrem Kind mit, es möge die Spielsachen wegräumen, mit denen es im Wohnraum gespielt hat, oder es soll zum Abendbrot ins Haus kommen. „Ja, mache ich“, ist die Antwort. Fünf Minuten später die gleiche Aufforderung an das Kind. „Ja, sofort“ kommt es vom Kind zurück. Das kann noch ein paar Mal so hin und her gehen, bis der Mutter der „Geduldsfaden“ reißt und sie ihr Kind anschreit: „Ich habe dir gesagt, du sollst aufräumen. Und zwar sofort, sonst setzt es was oder der ganze Kram fliegt in den Müll!“ Nun wird es dem Kind unangenehm. Widerwillig räumt es auf.

Auch hier sind Lernerfahrungen im Spiel.

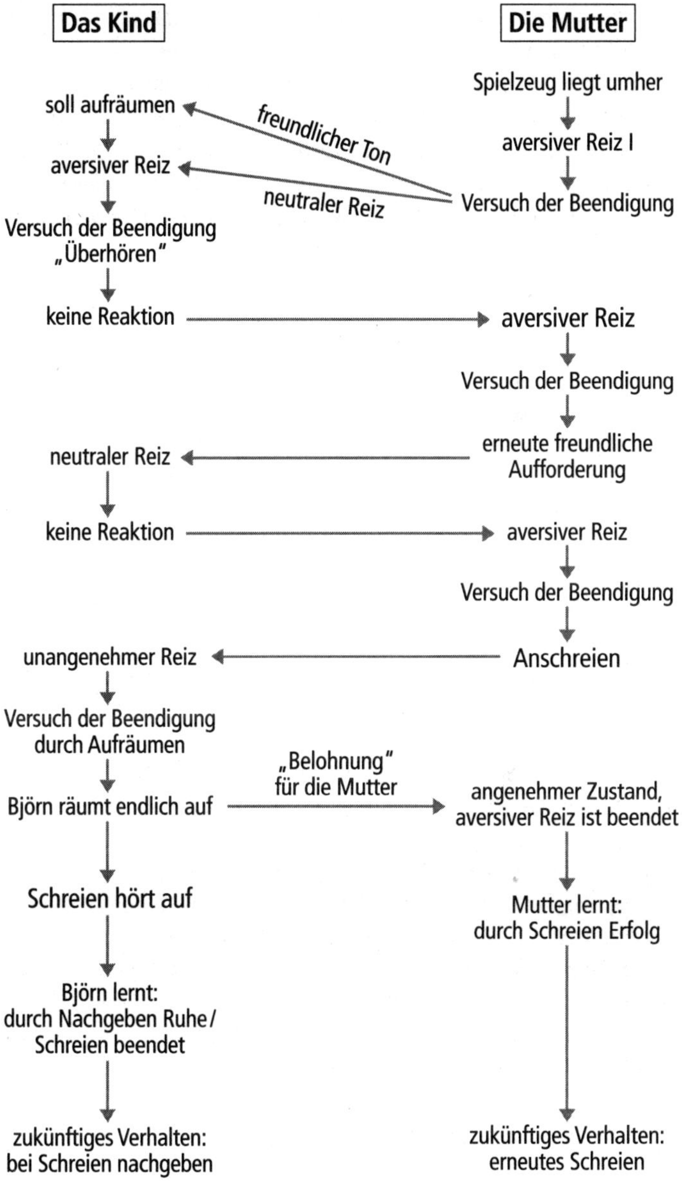
Das Kind
Die Mutter
Spielzeug liegt umher
soll aufräumen
freundlicher Ton
aversiver Reiz I
aversiver Reiz
neutraler Reiz
Versuch der Beendigung
Versuch der Beendigung
„Überhören"
keine Reaktion
aversiver Reiz
Versuch der Beendigung
neutraler Reiz
erneute freundliche
Aufforderung
keine Reaktion
aversiver Reiz
Versuch der Beendigung
unangenehmer Reiz
Anschreien
Versuch der Beendigung
durch Aufräumen
„Belohnung"
für die Mutter
Björn räumt endlich auf
angenehmer Zustand,
aversiver Reiz ist beendet
Schreien hört auf
Mutter lernt:
durch Schreien Erfolg
Björn lernt:
durch Nachgeben Ruhe/
Schreien beendet
zukünftiges Verhalten:
bei Schreien nachgeben
zukünftiges Verhalten:
erneutes Schreien

Der Ausgang des Beispieles mit Familie Eckermann verläuft anders als das Beispiel mit Jacob und seiner Mutter. Hier gibt das Kind nach, während sich bei Frau Eckermann eine für die Kommunikation in der Familie fatale Verhaltensweise aufgebaut und entwickelt hat: das Schreien. Wäre Frau Eckermann frühzeitig konsequent gewesen, z. B. durch kurzfristiges Einschließen des Spielzeugs und hätte nicht das Schreien als Strafreiz angewendet, brauchte sie jetzt ihre Kinder nicht immer anzuschreien, sondern könnte ihnen in normaler Lautstärke sagen, was sie von ihnen wünscht.

Durch das erfolgreiche Abwehren eines Strafreizes wird also eine Verhaltensweise aufgebaut oder positiv verstärkt, nämlich genau diejenige, mit der es möglich ist, den unangenehmen Zustand, hier das Fehlverhalten der Kinder, erfolgreich zu verhindern oder ihn zu umgehen. Frau Eckermann befindet sich so in dem fatalen Kreislauf von Belohnung und Bestrafung, der schon zwischen Jacob und seiner Mutter eine Rolle spielte. Allerdings ist es hier nicht das Kind, sondern die Mutter, die in ihrem Abwehrverhalten gegen die geringe Folgsamkeit der Kinder, nämlich im Schreien, verstärkt wird und so Gefahr läuft, in ähnlichen Situationen immer wieder ihre Kinder anzuschreien.

So lange es sich bei solchen Verhaltensweisen um sozial noch akzeptiertes Verhalten handelt, gibt es keine Ursache für tief greifende Sorgen. Diese sind aber angesagt, wenn durch die Abwehr unangenehmer Strafreize Verhalten bei Kindern wie z. B. Aggressionen, Lügen, Stehlen oder Drogenkonsum aufgebaut werden.

5. Kapitel

Der Umgang mit „natürlichen" und „logischen" Folgen

Folgen im hier angesprochenen Sinne sind *positive* oder *negative Konsequenzen* einer Handlung des Kindes. Sie können von sich aus ohne Zutun der Eltern oder Erzieher *mittelbar* oder *unmittelbar* als Konsequenz eintreten oder durch Eltern und Erzieher *bewusst arrangiert* und eingesetzt werden. Werden die Folgen eines Verhaltens vom Kind subjektiv als *positiv* erlebt, zählen sie zu den *unterstützenden Komponenten* einer Verhaltensweise und sind geeignet, das Verhalten, als dessen Folge sie erscheinen, *aufzubauen* oder zu *verstärken*. Werden sie im umgekehrten Fall vom Kind als *subjektiv nachteilig* und *negativ* erfahren, zählen sie zu den gegenwirkenden Konsequenzen.

Solche Folgen mit negativem Charakter können, je nach den Bedingungen, unter denen sie auftreten, Verhalten eines Kindes hemmen, die Häufigkeit des Auftretens verringern oder gar ganz unterbinden. Insoweit gehören sie im hier gebrauchten Sinne des Wortes zur Kategorie der Strafen und haben die Wirkungsweise einer Strafe. Die positiven Folgen zeigen die Wirkungsweise von Lob, Belohnung und Unterstützung.

Hier sollen, entsprechend der Thematik des Buches, die negativen Folgen bei der Betrachtung im Vordergrund stehen. Folgen, die „automatisch", im Allgemeinen auch unmittelbar, ohne Eingreifen der Eltern eintreten, werden „natürliche" Folgen genannt. Folgen, die vom Erzieher arrangiert werden, sind so genannte „logische" Folgen, wenn sie vom Erzieher nicht willkürlich und unabhängig von der vorangegangenen Verhaltensweise ausgewählt werden, sondern sich *logisch als Folge aus dem Verhalten des Kindes* ergeben.

Der *entscheidende Unterschied der natürlichen und logischen Folgen zu anderen Strafmaßnahmen* liegt also nicht darin, ohne negativen Nacheffekt zu sein, sondern darin, dass bei ihnen die *ungewünschten Nebenwirkungen*, die von Strafmaßnahmen ausgehen können, *gemildert werden oder fehlen*. Die negativen Konsequenzen bei natürlichen und logischen Folgen ergeben sich unmittelbar aus dem Handlungszusammenhang oder können aus ihm abgeleitet werden. Dadurch wird der negative Nacheffekt stärker an die *Verhaltensweise*, die die Folgen hervorgerufen hat, gebunden als an den Erzieher. Das ist aber auch nur dann erfolgreich möglich, wenn die Person des Erziehers stärker hinter die Folgen zurücktritt, als das bei anderen Strafmaßnahmen möglich ist. Alexandra fühlte sich durch den *Vater* bestraft, deshalb ging sie in ihrer Wut erst auf ihn los, bis die Besinnungsphase einsetzte. Auch Damian sah ein, dass seine Hosen gereinigt werden mussten. Da die Mutter nicht ständig seine Hosen zu säubern vermochte, hat Damian diese Aufgabe übernommen. Er fühlte sich wohl eher durch sein eigenes Verhalten bestraft als durch seine Eltern.

Wenn durch Jacobs Ungeschick Gegenstände zertrümmert werden, haben wir es hier mit einer *natürlichen Folge* zu tun. Ebenso, wenn er seine Erzieherin nicht mag, weil sie ihn einsperrt, wie er sagt. Stört Jacob andere Kinder im Spiel, muss er die „natürliche" Folge tragen, als „Spielverderber" betrachtet und vom gemeinsamen Spiel ausgeschlossen zu werden. Geht ein Kind am Abend zu spät schlafen, wird die natürliche Folge die Müdigkeit am Morgen sein, während ein Kind, welches ungeschützt in den Regen läuft, die natürliche Folge einer Erkältungskrankheit in Kauf nehmen muss.

Alle diese Folgen sind gekennzeichnet durch einen negativen Nacheffekt, der sich an die vorangegangene Verhaltensweise anschloss und zu einer Veränderung des Verhaltens führte sowie den sachlichen Zusammenhang, der sie mit dieser Verhaltensweise verband.

Nun lässt sich feststellen, dass Eltern nicht immer in der Lage sind, als strafende Person hinter die natürlichen und logischen Folgen weitgehend zurückzutreten. *Auch Folgen können als Strafe „präsentiert" werden.* In einem solchen Fall geht der Sachbezug, durch den sich Folgen eigentlich auszeichnen, verloren und die Folge kann mit allen unerwünschten Nebenwirkungen verbunden sein, die eine willkürlich gesetzte Strafmaßnahme auszeichnet. Das wäre z. B. der Fall bei Damian gewesen, wenn die Eltern den Jungen verbal oder mit anderen Mitteln wegen der verschmutzten Hosen „zur Rechenschaft" gezogen hätten: Abreaktion der eigenen Wut und Enttäuschung, Anschreien, aggressive Blick- und Kopfbewegungen, Beschämung, Bloßstellen, Drohungen, Entzug von Vergünstigungen, fehlende Belohnung bei verbessertem Verhalten, Schaffung einer gefühlsmäßigen Zwangssituation für den Jungen und vieles andere mehr. Eine Bemerkung der Eltern zum Schluss wie: „Zur Strafe wäschst du dir jetzt alle Hosen selber aus!" hätte einem traditionellen Strafmuster zu aller Ehre gereicht. Alle Vorteile, die den Einsatz von natürlichen und logischen Folgen auszeichnen, gingen auf diese Weise verloren.

Obwohl in der pädagogischen Fachliteratur und in vielen Erziehungsratgebern der Einsatz von Folgen als Alternative zur Strafe hoch eingeschätzt und allerseits empfohlen wird, ist die *Handhabung dieses Instrumentes keineswegs einfach und problemlos.* Der Einsatz von Folgen, als willkürliche „Strafmaßnahme" traditioneller Art dem Kind aufgedrückt, ist nur eines der Beispiele für die Schwierigkeiten, die sich mit ihm verbinden können.

Ein anderes Problem: In der Erziehungspraxis, vor allem dann, wenn die Forderung, die Strafe unmittelbar auf das ungewünschte Verhalten folgen zu lassen, eingehalten werden soll, ist es bei der Komplexität einer Situation, in der Bestrafung erfolgen muss, schwierig für die Eltern abzuwägen, welche Art der Folge nun pädagogisch sinnvoll ist. Oft bleibt ihnen, wie das genannte Beispiel zeigt, in der konkreten Erziehungssituation nicht viel Handlungsspielraum, weder aus Ignoranz, Gleichgültigkeit noch aus Bösartigkeit. Daher greifen viele Eltern zu einer kontingenten Bestrafung mit einem für das Kind unangenehmen Nacheffekt, der sich ihnen in der Situation gerade anbietet. Nicht umsonst scheinen so universelle Strafreize wie Anschreien, Schlagen (Ohrfeige), Ohrläppchen verziehen, „Liebesentzug“, „Zimmerarrest“ bis zur Kürzung des Taschengeldes die favorisierten Strafen in den Familien zu sein.

Auch aus der Struktur natürlicher und logischer Folgen selbst entstehen Probleme der Anwendung in der Praxis. Bei den so genannten natürlichen Folgen können sich massive Schwierigkeiten zeigen, die durch Eltern nicht einfach zu lösen sind.

Die „natürlichen" Folgen

Natürliche Folgen können *positive* und *negative* Konsequenzen haben. Ein Kind, das beim Spiel mogelt und dadurch gewinnt, erfährt als natürliche Folge angenehme, positive Konsequenzen. Ein anderes Kind will nicht mogeln, sondern korrekt spielen und verliert dadurch. Es erfährt durch das korrekte Spielverhalten negative Konsequenzen.

Natürliche Folgen können *direkt* oder *verzögert* eintreten. Auch können kurzfristig angenehme Folgen in langfristig unangenehme Folgen umschlagen und umgekehrt, wenn unmittelbar unangenehme Folgen zu mittelbar positiven wechseln. Das Trinken von gesüßtem Tee hat eine direkt zu erfahrende angenehme Folge. Der Tee schmeckt süß. Verzögert tritt aber die unangenehme Folge von Karies auf. Häufiges Fernsehen zeigt unmittelbar eine natürliche angenehme Folge: Spannung, Abwechslung, Unterhaltung trotz körperlicher Inaktivität. Verzögert zeigen sich natürliche unangenehme Spätfolgen wie Passivität, körperliche Probleme u. a.

Folgen können im Sinne eines gewünschten *unangenehmen Nacheffektes* wirken, aber auch *Gefahren* und *Konsequenzen* mit sich bringen, die Eltern für sich selbst oder ihre Kinder nicht bereit sind, in Kauf zu nehmen.

Gernot

Gernot, 8 Jahre, war ein ausgesprochen hageres und groß gewachsenes Kind. Gernot wollte nicht essen. Das Kind war kränklich und hat schon drei Mal eine schwere Krankheit überstanden. Die Kinderärztin empfahl, alles daran zu setzen, dass es wegen seines Untergewichtes regelmäßige Mahlzeiten zu sich nähme. Alles versuchten die Eltern. Sie kochten vorwiegend Mahlzeiten, die der Junge gern aß. Das ging nur eine kurze Zeit, jedoch nicht immer, wenn das Essen gesund und abwechselungsreich zubereitet werden sollte, wozu die Ärztin ebenfalls riet. Gernot gewöhnte sich sehr schnell an die ihm gut schmeckenden Gerichte und lehnte immer deutlicher andere ab, von denen er sagte, er möge sie nicht. Nun verlangten die Eltern zu essen, was gekocht wurde. Sie erklärten dem Kind auch die Situation. Mit allen Mitteln versuchten sie zu erreichen, dass er wenigstens etwas aß. Sie hatten keinen Erfolg. Dessert dagegen wollte er gern essen. „Lieber nur den Nachtisch essen lassen, als gar nichts", sagte die Ärztin. Im Laufe der Zeit wollten die Eltern das Spiel nicht weiter mitmachen. Vom Dessert allein könne auch kein Kind leben, sagten sie. Dessert gab es von jetzt an nicht mehr. Erfolg hatten sie damit nicht. Nun kam die Mutter auf die Idee, Gernot dürfte an dem Tag, an dem der Teller nicht leer wurde, nicht fernsehen. Auch wurden alle Süßigkeiten gestrichen, der Fernsehkonsum und der Verzehr von Süßem streng kontrolliert. Außerdem erhielt das Kind in begrenztem Rahmen ein Mitspracherecht bei der Auswahl der Mahlzeiten und konnte sich selbst den Teller füllen. Es wurden gemeinsam Regeln aufgestellt, die von allen beachtet werden mussten. Maßnahmen bei Verletzungen der Regeln wurden vereinbart. So bekamen die Eltern ganz allmählich das Problem der Verweigerung des Essens in den Griff.

Die Eltern versuchten hier zunächst mit logischen Konsequenzen, Gernot zum Essen zu bewegen, um die natürliche Konsequenz einer Magersucht und Krankheit nicht in Kauf nehmen zu müssen. Als das nichts half, griffen sie zum Mittel des kontingenten Entzuges der Vergünstigung „Fernsehen" und des Entzuges von Süßem. Diese Bestrafungskontingenz führte in Verbindung mit dem Versuch des Aufbaues eines besseren Essverhaltens durch Unterstützung und positiver Verstärkung aller Ansätze endlich langsam zu einem Erfolg.

Vielfach müssen gerade die sich aus den natürlichen Folgen ergebenden Konsequenzen durch die Eltern verhindert werden. Jacob wollte sich die Zähne nicht putzen. Er zerstörte ferner häufig Gegenstände durch seine Unachtsamkeiten.

Pascal

Pascal hat die Angewohnheit, mit dem Stuhl, auf dem er sitzt, zu schaukeln. Als natürliche Folge ist abzusehen, dass er mit dem Stuhl nach hinten fällt. Diese natürliche Folge kann nicht hingenommen werden.

Eine logische Folge könnte sein, dass Pascal sich immer eine Weile hinstellen muss, wenn er kippelt.

Ob und inwieweit Eltern natürliche Folgen zulassen wollen und können, ist eine Frage nach den jeweiligen Umständen und dem, was Eltern sich selbst und ihrem Kind zumuten können und wollen.

In mancher Situation bietet sich an, die Wirkung einer natürlichen Folge für die Erziehung zu nutzen. Dazu gehört der Streit zwischen Kindern, die Unordnung im Kinderzimmer, der Zeitpunkt des Aufstehens, bis zu einem gewissen Grad die Auswahl und Pflege der Kleidung, Essensgewohnheiten und anderes.

Oft wird durch das zeitige und zu frühe Eingreifen der Eltern die Selbstständigkeit der Kinder jedoch stärker verhindert als gefördert.

Kristel

Kristel ging in die siebte Klasse des Gymnasiums. Sie fand es aufregend, mit Hosen, in die sie sich selbst Löcher gerissen hatte, und auch mit Papas ausrangierten Schlafanzügen in die Schule zu gehen. Anfangs versuchten die Eltern, Kristel daran zu hindern, weil sie annahmen, die schulische Laufbahn ihres Kindes könne darunter leiden. Aber in Wahrheit sorgten sie sich auch um ihr eigenes Ansehen in der Schule: „Wie können die Eltern das Mädchen so in die Schule gehen lassen?“, wäre die korrekte Umschreibung ihrer

Ängste. Doch dann ließen sie Kristel in die Schule gehen, wie sie wollte. Es gab keine Auseinandersetzungen um ihre Schulkleidung mehr. Noch eine gewisse Zeit ging das so weiter. Dann war die Phase der Schlafanzüge und zerrissenen Hosen für Kristel vorbei.

Immer jedoch sollten Eltern, je nach Alter und Selbstständigkeit des Kindes, ihre Verantwortung wahrnehmen und Grenzen dort setzen, wo eine Gefährdung der Gesundheit des Kindes oder die Verletzung ethischer und sozialer Normen nach der Einhaltung einer Grenze verlangen. Dort aber muss diese Einhaltung konsequent eingefordert werden.

Die „logischen" Folgen

Logische und natürliche Folgen sind nicht immer klar voneinander zu trennen. Das haben einige Beispiele oben gezeigt. Im Gegensatz jedoch zu den natürlichen Folgen müssen logische Folgen von den Eltern arrangiert werden.

Marc will nicht mehr in den Hort gehen, da die Erzieherinnen den Kindern die Skateboards als *logische Folge* ihres unachtsamen Umgangs eingeschlossen haben. Mathilde wurde, als sie sich entschloss, nicht mehr mit den Eltern zum Auto zu gehen, vom Vater hochgehoben und weggetragen. Damian erfuhr gleichfalls die unangenehme Wirkung einer logischen Folge, als er seine verschmutzten Hosen reinigte.

Sören

Sören ärgert seine Schwester beim Essen und gibt trotz Ermahnung keine Ruhe. Als logische Folge könnte er für eine kurze Zeit, wenige Minuten, in sein Zimmer oder einen anderen Raum geschickt, also aus der Essens-Situation herausgenommen werden (Time-out). Das kann mehrfach geschehen, bis seine Schwester in Ruhe ihre Mahlzeit essen kann.

In dieser Situation muss jedoch beachtet werden, dass Sören nicht einfach in sein Zimmer geschickt wird und dort seiner Lieblingsbeschäftigung nachgehen kann, die er für die Mahlzeit unterbrechen musste. Dann wird das Herausnehmen aus der Situation am Tisch für ihn kein unangenehmer Nacheffekt werden, sondern wie eine positive Verstärkung des Streites mit seiner Schwester wirken. Ein solcher positiver Nacheffekt muss nachhaltig unterbunden werden.

Es ist wichtig, dass Eltern die „Grundsätze" (Seite 94 ff) für die Anwendung von Strafe auch bei den logischen Folgen beachten. Die logischen Folgen, durch den negativen Nacheffekt auch zur Gruppe der Strafen gehörend, bieten durch ihren Sachzusammenhang mit der ungewünschten Verhaltensweise des Kindes die Möglichkeit, Strafen zu „entpersonalisieren". Sie sind daher weniger eng mit den negativen Begleiterscheinungen anderer Strafmaßnahmen gekoppelt. Das gilt jedoch nur unter der Voraussetzung der sachgemäßen Anwendung durch die Eltern.

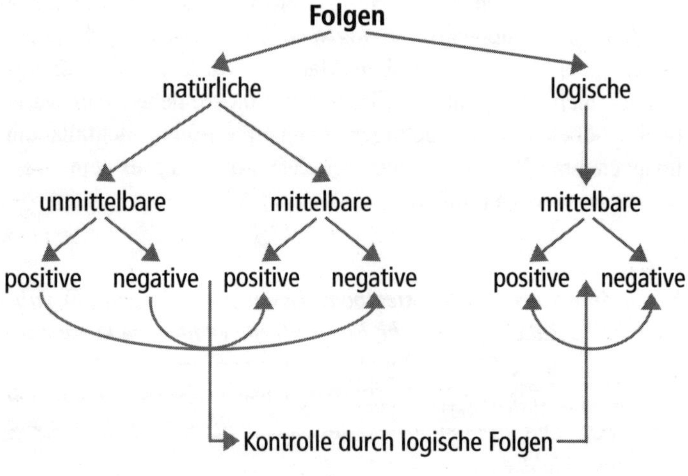

Die Wiedergutmachung

Die „Wiedergutmachung" ist ein Sonderfall der Anwendung logischer Folgen. Ihr Kern besteht darin, dass ein geschehenes Übel oder geschehenes Unrecht nach Möglichkeit wieder rückgängig gemacht werden soll. Sie ist dann eine Alternative zur Anwendung einer einfachen Bestrafungskontingenz oder einer solchen durch logische Folgen.

Wiedergutmachung kann sich prinzipiell auf drei Bereiche erstrecken:

- auf materielle Schäden durch Ersatz,
- auf „personelle Schäden" durch Hilfeleistung, Pflege und Fürsorge sowie
- auf psychische Schäden durch Entschuldigung, Trösten, Helfen u. a.

Der Hauptvorteil des Prinzips der „Wiedergutmachung" besteht darin, einem Kind die Möglichkeit zu geben, eine Reihe von bedeutenden Lernerfahrungen zu machen. Es kann lernen, dass ein von ihm angerichteter Schaden oft wieder rückgängig zu machen ist oder es für begangenes Unrecht einstehen muss. Es kann Verantwortung für sein Tun übernehmen und den Schaden in dem Rahmen, der einem Kind möglich ist, selbst beheben. Darüber hinaus lernt es, Konflikte friedlich zu lösen, begangenes Unrecht auch anders als durch das Auf-sich-Nehmen einer Strafe zu beheben und ein Übel nicht nur deshalb zu beseitigen, weil die Eltern es verlangen. Ferner kann es die Bedeutung und die Gültigkeit von Absprachen erfahren.

Allerdings kann Wiedergutmachung nur bei geringfügigen Schäden problemlos angewendet werden.

Ralph zerbricht einen Bleistift seines Freundes oder beschädigt dessen Fahrrad unerheblich.

Sepp schießt mit seinem Fußball die Fensterscheibe eines Nachbarn ein.

Im zweiten Fall kann das Kind, je nach den Umständen, die zum Bruch der Scheibe führen, vielleicht einen kleinen Teil zur Wiedergutmachung beitragen.

Beim gemeinsamen Basteln am Tisch verletzt Sonja ihren Bruder mit einer Schere an der Hand.

Bei einem gemeinsamen Wettrennen mit den Fahrrädern stürzt Michael bei einem leichten übermütigen Anrempeln durch seinen Freund so unglücklich, dass er ins Krankenhaus muss.

Bei Verletzungen ist ein „Rückgängig-Machen" nicht möglich. Hier wäre nach einer geeigneten Ersatzhandlung wie Entschuldigung, Hilfeleistung, kleinen Pflegediensten, z. B. Hilfe bei Aufgaben für die Schule, sowie eine gewisse Fürsorge für das verletzte Kind zu suchen.

Wie schwierig „Wiedergutmachung" bei einer Verletzung der Psyche eines Kindes sein kann, zeigt das Beispiel Joanna.

Joanna

An einem Vormittag während einer Regenperiode spielten die drei Freundinnen Romina, Joanna und Denise in einer Ecke von Rominas Kinderzimmer. Die Mutter beobachtete später, dass sich Romina und Denise von Joanna getrennt hatten und sich etwas ins Ohr flüsterten, wobei sie kurz darauf zu kichern anfingen. Joanna wollte wissen, worüber die beiden gesprochen und gekichert hatten. Diese ignorierten jedoch die Fragen der Freundin. Sie kicherten weiter und gingen schließlich in eine andere Ecke des Raumes. Die Mutter beobachtete die Situation durch die geöffnete Türe.

Die Betroffenheit von Joanna berührte die Mutter und diese fragte die Kinder, was zwischen ihnen geschah. Romina und Denise zuckten abwehrend die Schultern und gaben an, dass „nichts" geschehen wäre. Joanna folgte nun den beiden anderen Mädchen durch das Zimmer. Sie rief ihnen zu, sie sollten doch stehen bleiben, damit sie wieder miteinander spielten könnten. Aber die beiden beachteten Joanna nicht. Daraufhin ging die Mutter wieder ins Kinderzimmer und bat sie, ihr zu erklären, was es für Probleme gäbe und warum sie nicht miteinander zu spielen in der Lage seien. Sie fände es nicht gut, Joanna vom Spiel auszuschließen und über sie herzuziehen. Dadurch fühle sich Joanna sicher verletzt. Erst habe vor allem Romina darum gebeten, dass Joanna zu ihr käme, damit sie zu dritt spielen könnten und nun würde Joanna so etwas angetan. Die beiden wollten die Kritik aber nicht akzeptieren. Erst als die Mutter den Kindern noch einmal vorhielt, dass sie das Verhalten nicht fair fände, zumal es keinen erkennbaren Grund für ihr Verhalten gäbe, versuchte Romina sich zu rechtfertigen, indem sie Joanna beschuldigte, versucht zu haben, im Spiel Denise auf „ihre Seite" zu ziehen. Erst danach hätten Romina und Denise sich das nicht gefallen lassen und sich von Joanna abgesetzt. Joanna wiederum rechtfertigte sich mit der Bemerkung, Denise hätte sich nur mit Romina unterhalten, sie habe aber mit allen beiden spielen wollen. Die Mutter versuchte noch einmal, den Kindern ins Gewissen zu reden und regte an, doch wieder gemeinsam zu spielen, sie seien doch alle schon so groß, dass sie auch einmal eine Auseinandersetzung verkraften und danach wieder miteinander spielen könnten. Spätestens in ein oder zwei Tagen sei der Streit ohnedies wieder vergessen. Das schienen die Mädchen wohl einzusehen. Aber ein ganz harmonisches Spiel kam an diesem Tag nicht mehr zustande. Wenigstens sprachen die Kinder wieder miteinander und versuchten auch, gemeinsam zu spielen.

Auf dem Gebiet der menschlichen Psyche bieten sich Entschuldigung, Trösten, Helfen oder andere, an der Situation sich orientierende Maßnahmen an. Im Falle der Kinder Romina, Joanna und Denise waren Ansätze einer Wiedergutmachung nach der Intervention der Mutter vorhanden, wurden jedoch nicht so weit geführt, dass Joanna sich wieder voll zugehörig fühlen konnte. Dieser Fall zeigt auch, wie wichtig es ist, die Kinder mit den Forderungen nach Wiedergutmachung nicht zu weit zu drängen, sondern ihnen Zeit zu lassen, den Schaden aus eigener Kraft und Einsicht zu beheben. Dann ist er am wirkungsvollsten behoben.

Legen Eltern Wert darauf, ihr Kind dazu zu erziehen, zukünftig Verantwortung für sein eigenes Handeln übernehmen zu können, ist es unerlässlich, drei wichtige Handlungsprinzipien zu fördern: Aufbau und Förderung gewünschten Verhaltens, Verminderung oder Verhinderung (weiteren) Fehlverhaltens sowie die Förderung von Einsicht. Wenn die Kinder im Fall Joanna an diesem Vormittag auch nicht zu einem völlig unbeschwerten Spiel zurückfanden, ist doch zu erkennen, dass Wiedergutmachung, richtig angewendet, alle diese Prinzipien miteinander vereint.

Es ist auch zu erkennen, wie wichtig ist es, auf das Alter und die Leistungsfähigkeit des Kindes zu achten, von dem Wiedergutmachung erwartet wird. Eine materielle, personelle oder psychische Überforderung kann schnell alle guten Absichten zerstören und ins Gegenteil verkehren. Hätte die Mutter von Romina die Kinder gezwungen, wieder mit Joanna zu spielen, würde das Prinzip der Wiedergutmachung verfehlt. Romina und Denise hätten das Spiel mit Joanna als ungerechte Strafe empfunden. Der Schaden wäre nicht geringer, sondern größer geworden. Wie im Falle von Sina hätte sich der Strafreiz mit Joanna verbinden können. Eine Flucht aus der Gesamtsituation durch Abbruch des ganzen Spiels wäre dann möglich gewesen.

Das Prinzip Wiedergutmachung kann, wie die Anwendung logischer Folgen überhaupt, auch als kontingente Bestrafung missbraucht werden, ähnlich wie es für das Beispiel Damian schon angeführt wurde. Sollen bei der Wiedergutmachung trotz des vorhandenen negativen Nacheffektes, der ihr ebenfalls eigen ist, die nicht gewünschten Nebenwirkungen kontingenter Strafen unterbunden werden, dürfen Eltern als strafende Personen möglichst nicht in Erscheinung treten. Wiedergutmachung ist kein Ersatz für willkürliches Strafen. Wiedergutmachung ist notwendig, wenn Menschen in Frieden zusammenleben wollen. Aus diesem Grunde soll das Kind den angerichteten Schaden wieder gut machen. Aus keinem anderen.

6. Kapitel

Einige Sonderfälle

Ignorieren von ungewünschtem Verhalten

Immer wieder ist in pädagogischen Ratgebern zu lesen, ungewünschtes Verhalten solle nicht bestraft, sondern ignoriert werden. Kann das Kind durch Ignorieren von Fehlverhalten dazu gebracht werden, das ungewünschte Verhalten zu unterlassen?

Amelie

Die kleine Amelie kommt aus dem Kindergarten. Es wird zu Mittag gegessen. Sie isst gerade ihre Vorsuppe. Ihr Bruder stößt sie aus Versehen an und Amelie verschüttet etwas Suppe auf ihre neue Hose. Sie schreit den Bruder an: „Bah, pass doch auf du Sau!" Ihre Mutter schaut sprachlos zu Amelie, bevor sie sagen kann „Was sagst du da? Wo hast du das denn her? Das will ich nicht noch einmal hören!" Ihr Bruder wird wütend. Er fasst sie bei ihren Armen und stößt sie beinahe vom Stuhl. Dabei ruft er ihr zu: „Das nimmst du sofort zurück!" Der Mutter gelingt es, beide zur Ruhe zu bringen und wiederholt noch einmal ihre Ermahnung an Amelie. In der Folgezeit versucht sie, Amelies Schimpfwörter, die das Mädchen in jüngster Zeit mehrfach verwendet, zu ignorieren. Ohne Erfolg. Statt den Gebrauch einzuschränken, benutzt das Mädchen sie weiterhin. Ja, die Mutter vernimmt sogar, dass Amelies Bruder auch mit dem Gebrauch von Schimpfwörtern beginnt.

Schimpfwörter oder Kraftausdrücke haben auf Kinder gewaltige Anziehungskraft. Intuitiv oder auch am konkreten Beispiel erfassen sie die „Kraft", die hinter den Worten steckt. Amelie hat es auch am Tisch selbst erfahren können: Ihr Bruder wird wütend, ihre Mutter ist entsetzt. So gesehen, war der Gebrauch ein voller „Erfolg". Sie erfuhr auch unmittelbar, dass Kraftausdrücke von

Erwachsenen, den Eltern und Erzieherinnen, nicht gern gehört werden. Die Ermahnung ihrer Mutter, der als Strafreiz beabsichtigte „negative" Nacheffekt für den Gebrauch solcher Worte, ist aber üblicherweise nicht stark genug, um den Gebrauch von Schimpfwörtern zu unterbinden. Denn dieser ziemlich schwache Nacheffekt wird eher als positive Verstärkung vom Kind erfahren. Bereits Mimik und Gestik der Eltern reichen, um dem Kind zu signalisieren: Das Schimpfwort hat gewirkt. Allein das *Wissen* um die Ablehnung der Eltern reicht ebenfalls, auch ihre *fehlende* Reaktion als positive Verstärkung zu empfinden, weil beim Gebrauch immer die Erwartung eines negativen Nacheffektes, einer Strafe in diesem Sinne, mitschwingt. Eine erwartete, aber nicht eingetretene Bestrafung hat die Wirkung einer positiven Verstärkung. Daher lässt sich der Gebrauch von Kraftausdrücken in der Regel nicht durch Ignorieren unterbinden. Das Kind wird in der Benutzung immer wieder bekräftigt. Jede Reaktion, die auf den Gebrauch eines Kraftausdruckes folgt, zeigt dem Kind, dass der Gebrauch *wirksam* und *erfolgreich* ist. Es würde sich die Benutzung von Kraftausdrücken nur dann durch Ignorieren verhindern lassen, wenn absolut und immer *jede* Reaktion der Umgebung unterbliebe. Das wird aber kaum der Fall sein können. Irgendwann wird jemand in der Umgebung des Kindes wieder eine Reaktion zeigen. Dadurch bleibt das Ignorieren meistens wirkungslos. Hinzu kommt, dass Verhaltensweisen, die nicht regelmäßig bei jedem Auftreten bekräftigt werden, sondern vielleicht nur dann und wann, sich zwar langsamer aufbauen als bei regelmäßiger, kontinuierlicher Bekräftigung. Sie sind aber sehr viel schwieriger wieder zu unterbinden. Entschließt sich die Mutter von Amelie, Amelies Kraftausdrücke zu ignorieren, ihr Bruder will sich aber nicht damit beschimpfen lassen und Kinder im Kindergarten benutzen ebenfalls solche Ausdrücke, wird Amelie nicht von diesen Ausdrücken lassen, wenn die Benutzung ihren Bedürfnissen entgegenkommt. Immer wieder wird die Benutzung von ihr dann als erfolgreich erfahren werden. So wird der Gebrauch von Kraftausdrücken durch sie nicht weniger häufig, sondern eher häufiger geschehen. In diesem Fall ist es also nicht angebracht, ihre Kraftausdrücke zu ignorieren.

In der Praxis der Erziehung in der Familie sind einige Möglichkeiten der Verhinderung von Kraftausdrücken denkbar:

a) Es gelingt, Amelies Einsicht soweit zu fördern, dass sie erfährt und einsieht, wie verletzend der Gebrauch solcher Wörter als Schimpfwörter ist.

b) Es gelingt, wenigstens in der Familie *keinerlei* Reaktionen mehr zu zeigen, weder von ihren Eltern noch von ihrem Bruder. Dann könnte Amelie unterscheiden lernen: Im Kindergarten sind Reaktionen zu erwarten, zu Hause aber nicht. „Kraftausdrücke brauche ich zu Hause nicht mehr zu benutzen, denn da reagiert doch niemand." Damit wäre aber der Gebrauch von Kraftausdrücken von Amelie außerhalb ihrer Familie noch nicht unterbunden.

c) Es kommt ein „Verhaltensvertrag" zwischen Eltern und Kindern zustande, der den Gebrauch solcher Ausdrücke unterbindet. An diesen Vertrag kann auch ein unangenehmer Nacheffekt gekoppelt werden, der z. B. die Zahlung einer Münze aus dem Taschengeld in eine gemeinsame Kasse vorsieht oder Ähnliches. Dieser negative Nacheffekt muss für das Kind allerdings unangenehm sein, um die verhindernde Wirkung zu haben, und ganz konsequent gehandhabt werden.

d) Es gelingt, alternatives Verhalten aufzubauen.

e) Die Ausdrücke werden durch kontingenten Entzug positiver Erfahrungen oder kontingente Bestrafung unterbunden. Hier bleibt aber das Problem des Alternativverhaltens bestehen, zumal die Benutzung von Schimpfwörtern mit einer Art Bedürfnisbefriedigung zusammenhängt und dadurch ohne alternative Bedürfnisbefriedigung schwer zu beseitigen sein wird.

Ignorieren von unliebsamen Verhaltensweisen ist nur dann wirksam, wenn durch das Ignorieren dem Kind genau der positive Nacheffekt entzogen wird, durch den der Gebrauch der Kraftausdrücke überhaupt erst zustande kommt.

Neben dem Gebrauch von Kraftausdrücken gibt es weitere unliebsame Verhaltensweisen, die durch einfaches Ignorieren nicht unterbunden werden können. An erster Stelle gehört dazu aggressives Verhalten.

Vorbeugende Kontrolle des Verhaltens

Eine Form, als abweichend geltende Verhaltensäußerungen von vornherein zu vermeiden, ist die vorbeugende Verhaltenskontrolle. Durch diese Maßnahme kann vermieden werden, Strafen nachträglich überhaupt anwenden zu müssen. Drei Möglichkeiten zeichnen sich ab. Diese sollen an Hand von Beispielen kurz erläutert werden:

a) Absehbare Möglichkeiten für Fehlverhalten werden von vornherein beseitigt.

   Beispiel: Ist absehbar, dass sich Geschwister bei Tisch gegenseitig stören, bekommen sie Plätze angewiesen, die eine gegenseitige Einflussnahme auf das Verhalten des jeweils anderen von vornherein unmöglich machen.
   Hier werden also alle Möglichkeiten, Störverhalten zu entwickeln, im Ansatz beseitigt. Diese Form des Unterbindens von Fehlverhalten kann in sehr vielen Fällen eingesetzt werden.

b) Ankündigen von unangenehmen Konsequenzen.

   Beispiel: Die Eltern kündigen an, dass zu spätes Erscheinen bei Tisch den Ausschluss der Teilnahme an der Mahlzeit nach sich zieht.
   Diese Ankündigung muss dann in jedem Fall umgesetzt werden. Ausnahmen dürfen nur in außergewöhnlichen Fällen gemacht werden. Denkbar ist unverschuldetes Zu-spät-Kommen.

c) Zwischen Eltern und Kind wird eine Vereinbarung darüber getroffen, welches Verhalten akzeptiert und welches Verhalten nicht akzeptiert wird.

   Beispiel: Es wird vereinbart, dass beim Fahren mit dem Rad ein Schutzhelm getragen wird. Diese Vereinbarung müssen die Eltern dann aber ebenfalls einhalten.

Das Problem der Gerechtigkeit in Geschwisterfamilien

Bestrafung in einer Familie mit Geschwisterkindern kann besondere Fragen und Probleme aufwerfen. Wie bereits ausgeführt, werden Strafandrohungen und Strafen subjektiv unterschiedlich erlebt und dadurch auch unterschiedlich wirksam. Zwei Geschwisterkinder können sich hier gegenseitig beeinflussen, je nachdem, wie das beobachtete Kind auf eine Strafe oder Strafandrohung reagiert. Es kommt vor, dass sich zwischen Geschwistern so etwas wie eine Gruppennorm herausbildet. Nimmt ein Kind eine Strafe „heroisch", gleichgültig oder mit aggressiver Gegenwehr auf sich, könnte sich dieses Verhalten auch auf das Geschwisterkind übertragen. Dann wird es den Eltern sehr schwer, Strafe „gerecht" einzusetzen. Das aber ist eine wichtige Voraussetzung für die Akzeptanz von negativen Konsequenzen und Strafe.

Der umgekehrte Fall ist aber ebenso denkbar. Kinder setzen sich dadurch voneinander ab, dass sie unterschiedlich mit Strafe und Strafandrohungen umgehen. Da ist das Kind, das förmlich fühlt, wenn den Eltern etwas nicht passt und sofort reagiert, ohne dass die Eltern negative Konsequenzen in Aussicht stellen müssen. Das andere Kind findet seine Individualität gerade darin, unanhängig von den Wünschen seiner Eltern das zu tun, was es für richtig hält. Strafen werden dabei in Kauf genommen.

Es geht hierbei nicht einmal so sehr um harte Strafen, auch „mildere" Strafen wie Mimik, Gestik, Ermahnung, Kritik usw. sind davon betroffen. Kinder registrieren sehr genau die Reaktionen der Eltern gegenüber dem Geschwisterkind und richten ihr eigenes Verhalten entsprechend ein.

Durch diese Modellwirkung kann selbst das Verhältnis von Belohnung und Bestrafung durcheinander geraten. Missbilligen die Eltern in einem Fall das Verhalten eines Kindes, unterlassen die Missbilligung für das gleiche Verhalten aber beim anderen aus einem beliebigen Grund, könnte sich die vom anderen Kind beobachtete und für sich ebenfalls erwartete, aber nicht erfahrene Missbilligung als Verstärkung seines Verhaltens auswirken. Umgekehrt fühlt sich das zurechtgewiesene Kind dann gegenüber Bruder oder Schwester ungerecht behandelt. Oft messen Eltern das Verhalten von Geschwistern auch nach unterschiedlichen Maßstäben. So in vielen Fällen zwischen Jungen und Mädchen sowie älteren und jüngeren Geschwistern. Gefühle, ungerecht behandelt zu sein, sind dann immer zu erwarten.

Eltern können Kindern helfen, ihre Unterschiedlichkeit zu akzeptieren. Ebenfalls, dass Eltern auf unterschiedliche Weise mit ihnen umgehen. Diese Individualität zu unterstützen, müsste das Ziel der Eltern sein. Positive sowie negative Verhaltenskonsequenzen sollten Eltern auf diese Individualität abstellen. Gleichberechtigung gibt es nur ideell, tatsächlich nie. Letztlich wünschen Kinder in der Regel auch, dass Eltern ihre Individualität verstehen und anerkennen. In Fällen, in denen sich ein Kind gegenüber dem Geschwisterkind benachteiligt fühlt, gibt es Anlass für ein Gespräch zwischen Eltern und Kindern. Auf keinen Fall darf der Protest eines Kindes übersehen oder als bedeutungslos betrachtet werden. Niemand kann jedoch immer gerecht sein. Ist die ernsthafte Bemühung vorhanden, sind Schuldgefühle nicht nur ungerechtfertigt, sondern führen auch zu einer Verzerrung der Eltern-Kind-Beziehung. Das ist weder für das Kind noch für die Eltern gut.

Verhaltenskonsequenzen sollten ebenfalls unter dem Gesichtspunkt ihrer Wirksamkeit bei dem entsprechenden Kind individuell bemessen werden, auch wenn das andere Kind sich benachteiligt fühlt. Hier ist Gelegenheit geboten, die Einsicht des Kindes zu fördern.

Eine weitere brauchbare Gelegenheit, möglichst Gerechtigkeit walten zu lassen, ist der schon angesprochene Verhaltensvertrag. Dort hat jedes Kind die Möglichkeit, sich und seine Vorstellung von Gerechtigkeit einzubringen, sofern das Alter und die Selbstständigkeit des Kindes es erlauben. Der Verhaltensvertrag bietet darüber hinaus Gelegenheit, unbedachter und unkontrollierter Modellwirkung unter den Geschwistern etwas vorzubeugen.

Aggressionen können eine Form der gegenseitigen Bestrafung sein

Auseinandersetzungen in der Familie gehören zum Leben. Auf keinen Fall dürfen Eltern versuchen, alle Auseinandersetzungen mit ihrem Kind zu vermeiden. Ebenso wenig die Auseinandersetzungen zwischen (ihren) Kindern. Auch gehört die Auseinandersetzung mit Aggression und Gewalt zu den grundlegenden Erfahrungen des Menschen, sowohl passiv wie aktiv. Dazu zählt bei Kindern auch der Einsatz – passiv abwehrender – körperlicher Gewalt durch die Kinder selbst. Es sind fundamentale Erfahrungen für das Selbstbild eines Kindes. Ziel der Erziehung sollte sein, mit den Kindern *die Grenzen der Gewaltanwendung zu erkennen und zu trainieren, diese einzuhalten und sich trotzdem mit sozial akzeptablen Mitteln Recht zu verschaffen. Zerstörerischer Aggression darf jedoch keinerlei Rechtfertigung eingeräumt werden.*

Fred

Fred, 13 Jahre, wurde durch seine Mutter dazu angehalten, sich nicht zu streiten. Weder mit seinem Bruder noch mit seinen Freunden oder fremden Kindern. „Der Klügere gibt nach!", musste sich Fred von ihr immer wieder sagen lassen. Gab es auf dem Spielplatz Streit und die Mutter erfuhr, das Fred daran beteiligt war, holte sie ihn immer sofort ins Haus. Alle Kinder der Straße wussten, dass Fred sich nicht schlug und bei Auseinandersetzungen ins Haus musste. Das brachte ihm das Etikett „Muttersöhnchen" ein, eine für das Selbstgefühl und Selbstbewusstsein Freds keine positive Erfahrung. Das Schlimmste für Fred aber war die Tatsache, dass er selbst absolut kein Gefühl dafür entwickeln konnte, wie stark er wirklich war und ob er körperlichen Auseinandersetzungen zwischen ihm und Freunden gewachsen sein würde. So ging Fred von sich aus bereits allen Auseinandersetzungen aus dem Wege. Seine „Freunde" nutzten das aus. „Geh da weg, da will ich hin." Fred räumte den Platz. Besonders Bernd, zwei Jahre jünger als Fred, aber der größte Raufbold der Straße, nutzte das zur Stärkung seiner Position.

An einem Wintertag liefen alle Freunde auf einem zugefrorenen Teich mit Schlittschuhen. Bernd verlangte von Fred, seinen Platz zu räumen, weil er sich entschieden hatte, dort zu fahren. Dieses Mal weigerte sich Fred. Es kam zu einer Auseinandersetzung. Bernd, der annahm, mit Fred leichtes Spiel zu haben, griff ihn körperlich an. Dann kämpften beide, auf dem Eis liegend, Schlittschuhe an den Füßen. Langsam gewann Fred die Oberhand und schließlich musste sich Bernd geschlagen geben.

Von diesem Tag an änderte sich die Situation grundlegend. Zum ersten Mal hatte Fred das Gefühl, als gleichberechtigter Partner der Gruppe anzugehören und den Respekt der Gruppe zu genießen.

Aggressionen werden nicht ausschließlich körperlich ausgetragen. Die verbale Aggression ist ein verbreitetes Mittel für Eltern und Kind, sich gegenseitig zu treffen. Eltern müssen hart an sich arbeiten, wenn sie der Versuchung widerstehen wollen, verbalen Aggressionen des Kindes nicht mit gleicher Waffe zu begegnen. Das geht vermutlich nicht von heute auf morgen. Immer wieder muss der Anlauf gewagt werden, verbalen Attacken des Kindes zu widerstehen. Oft sind es Mimik und Gestik, die das Kind weiterhin zu verbaler Aggressivität reizen, auch wenn die Eltern sich daran nicht beteiligen. Darauf sollten sie auf jeden Fall achten. Möglich ist das Zeigen von Betroffenheit, ohne die Aggression zu erwidern. Vielleicht ist es notwendig, das Kind aus der Situation zu entfernen, bis es sich beruhigt hat. Bei älteren Kindern könnten die Eltern aus der Situation gehen. Aber Vorsicht, da das wie ein Strafreiz auf das Kind wirken kann, müssen die Eltern wegen ihrer Wirkung als Modell in Kauf nehmen, dass das Kind später ebenfalls aus der Situation geht und die Eltern stehen lässt.

Herausnehmen oder hinausgehen aus der Situation kann auch eine stille Form der Aggression sein. Bewusstes Ignorieren des anderen, deutliches Zeigen von Desinteresse und Verweigerung jedes weiteren Kontaktes. Es ist mitunter schwer zu unterscheiden, ob das Herausnehmen oder Hinausgehen aus einer Situation, die auf die Aggression des Kindes unterstützend wirkt, der Beendigung der Aggressivität dient oder eher geeignet ist, Aggression zu verstärken als zu verhindern.

Heute gilt als gesicherte Erkenntnis, dass aggressive Verhaltensweisen sehr früh in der Familie erlernt werden. Es handelt sich um Verhaltensmuster, die früh erworben werden und ziemlich stabil auch im zunehmenden Alter des Kindes weiter existieren. Offenbar werden sie immer durch Eltern oder andere Einflüsse im Sinne des Kreislaufes von Belohnung und Bestrafung unbewusst unterstützt und richten sich dadurch auf Dauer als Muster des Kindesverhaltens ein.

Daher sollten Eltern mit der Suche nach aggressiven Mustern des Verhaltens in der Familie bei sich selbst beginnen und sich durch Beratung Unterstützung holen, wenn das Problem aggressiven Verhaltens bereits beim Kind deutlich wird. Wie auch im Abschnitt „Verstehen" (Seite 40 ff) ausgeführt wurde, sind insbesondere solche Kinder gefährdet, ihre Wünsche mit Hilfe aggressiver Muster durchzusetzen, die ein unsicher-vermeidendes Bindungsverhältnis zu ihrer Mutter haben. Ein deutliches Indiz, inwieweit die Mutter bzw. die Eltern am Aufbau aggressiver Muster ihres Kindes beteiligt waren oder sind. Da Kinder in diesem Bindungsverhältnis in der Gefahr stehen, durch die Eltern auch häufiger und intensiver bestraft zu werden als Kinder in einer sicher-gebundenen Beziehung, bewirkt Strafe als *überwiegende* Antwort auf die Aggressionen des Kindes eher keine Besserung, wie am Beispiel der Situation von Jacob gezeigt werden konnte.

Was können Eltern tun?[17]

Zunächst bei sich selbst Tendenzen zu aggressivem Verhalten aufspüren und versuchen, sie zu beseitigen oder zumindest nicht wirksam werden zu lassen. Kinder sollten aber erfahren, dass auch Eltern Aggressionen haben. Nur dann können sie erleben, dass vorhandene Aggressionen nicht zwingend in jeder beliebigen Situation oder an einem anderen Mitglied der Familie „ausgelassen" werden müssen. Wichtig ist zu zeigen, dass Aggressionen beherrschbar sind.

Gewalt und Aggression als Mittel der Auseinandersetzung dürfen keinen Platz und keine Akzeptanz in der Familie finden. Das gilt für verdeckte wie für offene Aggressionen und sowohl für den Umgang mit kleinsten Kindern und kleinster Kinder untereinander. Das darf auch dann nicht sein, wenn es „süß“ aussieht, wenn das kleine Kind wütend wird.

Es gibt notwendige Formen der Aggression, auch unter Kindern und in der Familie. Die jedoch haben dort ihre Grenze, wo sie destruktiv-zerstörend zu wirken beginnen.

Bereits ein ganz kleines Kind muss lernen, seine Wünsche ohne Aggression zu befriedigen. Dazu müssen ihm von seinen Eltern hilfreiche alternative Verhaltensweisen angeboten werden, die es für sich selbst als gelungene und erfolgreiche Verhaltensformen einsetzen kann.

Gesetzte Grenzen dürfen auf keinen Fall unterlaufen werden. Zumeist erwartet ein Kind eine Gegenmaßnahme der Eltern, wenn es aggressiv wird. Übersehen dieses Verhaltens würde als Unterstützung des aggressiven Verhaltens aufgefasst werden.

Aggression darf sich nicht lohnen. Daher sollten Eltern vor allem auf solche Situationen achten, mit denen Aggressionen des Kindes Erfolg haben könnten. Auch Verhaltensweisen, die Aggressionen „einleiten“ können, müssen beachtet werden. Auf dieser frühen Stufe ist es häufig einfacher, das Kind abzulenken und seine Aufmerksamkeit auf sinnvolle Beschäftigungen zu richten.

Eine Herausnahme aus der aggressiven Situation ist eine Möglichkeit. Um die Aggression zu stoppen, wird dem Kind aufgetragen, sich für eine Weile in sein Zimmer oder in einen anderen Raum zu begeben (Time-out). Ein kleineres Kind kann in sein Zimmer gebracht werden. Das Kind muss dort einige Minuten verbringen, bis es sich beruhigt hat. Auf diese Weise kann es beginnen zu lernen, seine Aggression zu kontrollieren.

Ungerechtfertigte Aggressionen gegenüber einem anderen verlangen nach einer Entschuldigung. Eltern und Kinder müssen dieses „Sich-entschuldigen-Können" lernen. Es ist eine Fähigkeit, die auf Gegenseitigkeit beruht. Das Vorbild der Eltern spielt für die Kinder eine ganz besondere Rolle.

Oft sind es aber die Eltern, die die Kommunikation zum Kind abbrechen. Mit dem „Strafverhalten" des „Liebesentzuges" fängt es häufig an. Nicht nur dem Kind fehlt die Einsicht in sein Fehlverhalten. Vielen Eltern fehlt die Einsicht in ihr Fehlverhalten ebenfalls. So schaukelt sich der Konflikt immer höher. Jeder gibt dem anderen die „Schuld". Es kommen gegenseitige Aggressionen auf. Aggression als Bestrafungsverhalten – „Es tut mir gut, wenn ich erreicht habe, dass sich der andere so richtig getroffen fühlt" – wird subjektiv als positiver Nacheffekt der gezeigten Aggression wie eine Belohnung erfahren und mündet in den Kreislauf von Belohnung und Bestrafung, aus dem es kaum ein Entrinnen gibt. Das gilt sowohl für Eltern als für Kinder. Geht es dieses Mal gut und die Aggression wird beendet, dient sie doch der folgenden Auseinandersetzung als Vorerfahrung, die eine Grundlage der Bewertung zukünftiger Auseinandersetzungen zwischen Eltern und Kind wird. Dann ist es kein weiter Weg mehr, bis die folgende Auseinandersetzung den gleichen Weg geht wie die vorherige.

Nicht selten kommt es zum Abbruch der Kommunikation überhaupt. Das ist jedoch der schlechteste Weg. Selbst in einer scharfen Auseinandersetzung drückt sich noch eine Beziehung aus, besteht noch eine Bindung zwischen den Eltern und dem Kind, in der gegebenenfalls auch noch Einflussnahme möglich ist. Nur im endgültigen Abbruch einer Kommunikation ist keine Einflussnahme mehr möglich. Daher sollten Eltern unbedingt darauf achten, dass das Gespräch zwischen Eltern und Kind nie abreißt, gleichgültig wie hart die Auseinandersetzungen auch sein mögen. Nur so lange miteinander gesprochen wird, besteht Hoffnung auf eine positive Eltern-Kind-Beziehung. Das wird anstrengend sein. Für Eltern gibt es in einer solchen Phase nur eine Alternative: Durchhalten.

Nicht immer gehen solche Konflikte gut aus. Wie jeder weiß, gibt es viele Fälle, in denen Kinder dem Elterhaus endgültig Lebwohl gesagt haben und die Eltern die Behörden einschalten müssen, um Auskunft darüber zu erhalten, wo sich ihr Kind befindet. Wenn der Konflikt so weit gediehen ist und die Kommunikation zwischen Eltern und Kind vom Kind endgültig abgebrochen wurde, besteht die einzige Hoffnung darin, dass sich professionelle Helfer der Situation annehmen, um den besten Weg für das Kind zu suchen. Wenn es Eltern gelingt, sich frühzeitig darüber klar zu werden, dass es oft ihr eigenes Verhalten ist, durch das das Verhalten ihres Kindes beeinflusst wird, besteht Hoffnung, manchem Kind den Weg aus dem Elternhaus zu ersparen.

Die Tür zum Elternhaus sollte einem Kind jedoch nie verschlossen sein.

7. Kapitel

Wie Eltern ihrem Kind helfen können, mit Strafen umzugehen

Die Beachtung der Persönlichkeit des Kindes

Die bisherigen Ausführungen könnten den Anschein erwecken, als käme es überwiegend darauf an, die Regeln für das Strafen zu beherrschen, um zum Ziel eines gewünschten Verhaltens beim Kind zu gelangen. Und diese Regeln seien zur Erreichung bestimmter Ziele bei allen Kindern in der gleichen Weise anzuwenden. Ist für Individualität kein Raum?

Zunächst lässt sich zeigen, dass die Empfindlichkeit gegenüber Strafreizen von Kind zu Kind unterschiedlich ausgeprägt ist. Es gibt Kinder, die sich durch leichte Strafen schwer getroffen fühlen und andere, denen selbst schwerere Strafen wenig auszumachen scheinen. Diese Unterschiede sind weitgehend auf die unterschiedlichen Erfahrungen von Kindern in Elternhaus und Schule zurückzuführen. Auch die augenblickliche Gefühlssituation ist beim Kind zu berücksichtigen und hat Einfluss auf die Strafempfindlichkeit. Reaktionen auf belastende Situationen laufen beim Menschen nicht nach einem Standardschema ab. Sie sind im Gegenteil sehr individuell geprägt[18]: Insbesondere frühere Erfahrungen spielen nach neueren Untersuchungen eine Rolle bei der Bewertung einer Stresssituation, zu der auch die Situation einer Bestrafung gerechnet werden muss. Diese frühen Erfahrungen sind für den bestraften Menschen eine Vergleichsgröße und haben „einen direkten ‚Abdruck' im biologischen Stressreaktionsmuster" (Bauer 2002, 54) hinterlassen. Es ist bereits darauf hingewiesen worden, dass aus „Erlebnissen der Seele" „Spuren im Gehirn" werden (Seite 32). Die Bewertung einer neuen Situation, hier die Situation der Bestrafung oder Strafandrohung, hängt daher in hohem Maß von bereits bestehenden Erfahrungen mit Strafe, bestehenden

Motivationen und den Absichten des Einzelnen ab, die sich sehr früh schon herausbilden, wie im Abschnitt „Verstehen“ ausgeführt wurde. „Unangenehme und angstbesetzte, so genannte ‚aversive‘ Erfahrungen werden besonders intensiv eingeprägt und sind in einer speziellen Region des limbischen Systems … gespeichert“ (Bauer 2002, 59). Auf der Grundlage seiner so entstandenen Handlungs- und Deutungsmuster bewertet jedes Kind jede neue Situation nach seinen individuellen Gesichtspunkten. Auf Grund seiner Vorerfahrungen bewertet es neue Situationen nicht erst dann, wenn sie bereits eingetreten sind, sondern versucht an Hand von Merkmalen aus dieser Vorerfahrung seinen Handlungsspielraum im Voraus abzuschätzen. Das Ergebnis dieser Bewertung aus emotionalen und kognitiven Prozessen geht später wieder in das Bewertungsmuster für neue Situationen ein.

Obwohl es sich bei jedem Kind um individuelle Reaktionsmuster handelt, sind doch, vergleicht man Kinder in bestimmten Strafsituationen, gewisse Regelmäßigkeiten in diesen individuellen Mustern zu erkennen. So führen häufige und harte Bestrafungen oft zu Gewöhnung, Abstumpfung und Fehlverhalten. Solche Kinder lassen sich durch Strafe weniger beeinflussen als Kinder, die seltener und weniger stark bestraft wurden, und ebenso häufig gehen Bestrafungen an ihnen wirkungslos vorüber oder führen zu aggressivem Verhalten, wie es auch am Beispiel von Jacob zu erkennen ist. Die Tatsache, dass Jacob offenbar nicht sehr häufig geschlagen wurde, besagt dabei noch nichts über die subjektiv erlebte Intensität anderer Maßnahmen der Eltern, die er als Strafreize empfunden hat.

Gegenüber ängstlichen Kindern und solchen mit geringem Selbstvertrauen und häufigen Misserfolgserlebnissen sollte Strafe sehr überlegt eingesetzt werden, weil hier Strafe das Selbstvertrauen nicht stärkt und die Misserfolgserwartung nicht verbessert. Das ist nicht verwunderlich, da Strafe kein positives Verhalten aufbauen, sondern nur Fehl-Verhalten abbauen kann.

Die Akzeptanz einer Strafe ist ein wichtiges Merkmal für ihre Wirksamkeit in der gewünschten Richtung. Strafen, die als ungerecht empfunden werden, sind oft Strafen, die „nach hinten“ losgehen und dem Kind wie dem Erziehungsziel der Eltern eher schaden als dienen.

Die Förderung der Einsichtsfähigkeit

Einsicht ist nicht an sprachliche Kommunikation gebunden

Akzeptanz von Strafe setzt entweder Einsicht oder Vertrauen voraus. Im Idealfall ist beides vorhanden. Vertrauen in die Eltern, dass sie das „Richtige“ tun. Wobei das Vertrauen die Einsichtsfähigkeit fördert, die Einsichtsfähigkeit das Vertrauen unterstützt, wenn es nicht enttäuscht wurde. Vertrauen hat mit Verstehen zu tun. Ein Prozess, der mit der Geburt des Kindes zwischen Mutter und Kind beginnt (Seite 40ff).

Nicht-sprachliche Kommunikation bestimmt den Beziehungsaspekt: „Ich bin mit deinem Tun nicht einverstanden.“ „Ich fühle mich durch dich missverstanden.“ „Du kannst dich auf mich verlassen, du kannst mir vertrauen.“

Jacob konnte offenbar wenig Einsichtsfähigkeit entwickeln. Vertrauen? Vielleicht, wenn Mutter und Sohn gemeinsam weinten, weil sie nicht weiter wussten. Das Verhalten von Mutter und Sohn lässt Zweifel aufkommen, ob in der Frühzeit der Entwicklung von Jacob die Gegenseitigkeit des Verstehens entstehen konnte. Alexandra und Fabian haben wohl verstanden, worum es dem Vater ging. Eine Diskussion des Für und Wider war hier nicht erforderlich, viele Worte mussten ebenfalls nicht gewechselt werden.

Auf sie muss auch bei kleinen und kleinsten Kindern nicht verzichtet werden. Sie geschieht allerdings hier eher auf nicht-sprachlicher Ebene. Gestik, Mimik, Körperhaltung, Berührungsempfindungen, räumlich bestimmte Aktivitäten, Stimmhöhe, Lautstärke, Klangfarbe, Sprechgeschwindigkeit und Sprechpausen signalisieren dem Kind eine bestimmte Botschaft. Auf Grund ihrer Vorerfahrungen sind Kinder in der Lage, diese Botschaft der Eltern zumeist eindeutig zu entschlüsseln. Voraussetzung ist eindeutiges Verhalten der Eltern.

Eindeutiges Verhalten setzt eine Übereinstimmung zwischen der sprachlichen und der nicht-sprachlichen Kommunikation voraus. Durch sprachliche Kommunikation wird der *Inhalt* einer Botschaft vermittelt: „Bitte räume dein Zimmer auf." Jedoch bestimmt der *nicht-sprachliche* Aspekt (Mimik, Gestik, etc.) der Kommunikation letztlich die Bedeutung dieses *inhaltlichen* Aspektes der Botschaft. Er verrät dem Kind, wie ernst die Mutter es mit ihrer Botschaft meint. *Darauf* reagieren die Kinder zuerst, nicht auf den sprachlich vermittelten Aspekt. „Ich meine es ernst mit meiner Forderung, aufzuräumen." Oder: „Ich meine es noch nicht so ernst." Durch dieses Zusammenspiel zwischen verbaler und nicht-verbaler Kommunikation wird manchmal vorherbestimmt, ob später eine Strafe folgt oder nicht.

Die Wirkung einer Strafe ist auch abhängig von der Einsicht in den Bedingungs- und Wirkungszusammenhang zwischen dem Verhalten des Kindes und der damit verbundenen Konsequenz. Dieser Zusammenhang muss nicht sprachlich vermittelt sein, sondern kann auch „intuitiv", „gefühlsmäßig" erfasst werden, was bei den meisten kleineren Kindern die Regel sein wird.

Wie klar auch schon Kinder im Vorschulalter diese Zusammenhänge durchschauen können, zeigt eine Bemerkung von Elvira, die sie gegenüber einem neuen Mädchen im Kindergarten machte: „Melanie, hier ist es nicht wie zu Hause. Hier müssen wir aufräumen."

Sprachliche Kommunikation

Nonverbale Kommunikation kann diesen Zusammenhang nicht immer eindeutig vermitteln. Dann ist es notwendig, dem Kind den Zusammenhang zu erklären. Ein Kind hat ein Recht darauf zu verstehen, warum es bestraft wird. Je selbstständiger ein Kind wird, je mehr sollte die Vermittlung von Einsicht in die Zusammenhänge in den Vordergrund rücken. Bei älteren Kindern kann das mitunter zu endlosen Diskussionen zwischen Eltern und Kind führen. Auch zu erheblichen Konflikten. Eltern sollten, bevor sie dem Kind unangenehme Konsequenzen ankündigen, um diese Möglichkeit wissen und sich entscheiden, wie konsequent sie tatsächlich sein werden. Für den Fall, dass Eltern sich entschieden haben, von einer solchen angekündigten Konsequenz abzuweichen, sollten sie diese Abweichung, diese unerwartete Nachsicht, dem Kind einsichtig als Ausnahme begründen.

Eindeutiges und konsistentes Verhalten der Eltern fördert die Einsicht des Kindes in die Bedingungs- und Wirkungszusammenhänge. Ein Kind muss möglichst im Voraus wissen, wie Eltern bestimmte Verhaltensweisen einschätzen und wie sie darauf reagieren. So kann konsequentes Elternverhalten dem Kind helfen, Verantwortung für sein eigenes Verhalten zu übernehmen. Es kann sich entscheiden, unter welchen Umständen es den Forderungen der Eltern nachkommen wird oder nicht. Dann hat es auch eine Chance, mit den Eltern über die Bedingungen zu verhandeln.

Ein solcher Verhaltensvertrag kann den Kindern helfen, Einsicht zu gewinnen und Verantwortung für sich selbst zu übernehmen. Der Vertrag setzt den Kindern Grenzen, auf die sie selbst Einfluss nehmen können. Das führt nicht selten zu deutlich erhöhter Bereitschaft, diese Grenzen, an denen sie mitgewirkt haben, einzuhalten, im anderen Falle auch die negativen Konsequenzen der Nicht-Einhaltung zu tragen.

Nicht immer ist Einsicht unmittelbar gegeben. Sie kann wachsen. Manchmal benötigt dieser Prozess viel Zeit. In dieser Zeit kann es massive Konflikte geben, vor allem mit größeren Kindern, die sich beharrlich weigern können, Unrecht oder Fehlverhalten einzusehen. Solche Auseinandersetzungen sind oft auch mit deutlichen Aggressionen verbunden.

Selbst bei sicherer Bindung sind Konflikte unvermeidlich und jeder muss eine ihm passende Form der Konfliktlösung finden, insofern Verantwortung für sich übernehmen und Entscheidungen für sich selbst treffen. Auch das ist eine besondere Möglichkeit, Einsicht zu gewinnen.

Das Gespräch zwischen Eltern und Kind

Gespräche zwischen Eltern und Kind müssen allerdings bestimmte Voraussetzungen erfüllen, damit durch sie Einsicht gewonnen sowie eine Beziehung unterstützt werden kann und nicht geschädigt wird.

Geht es um das Fehlverhalten des Kindes, sollte ein Gespräch das Kind zunächst über den Sachverhalt informieren. Dazu gehören vor allem Informationen darüber, warum ein bestimmtes Verhalten von den Eltern als „Fehlverhalten" eingestuft wird. Dazu sind Kenntnisse über die sachlichen Gegebenheiten erforderlich und Informationen über gültige Regeln und die sich daraus ergebende Bewertung seines Verhaltens als „Fehlverhalten". Zudem sollen Eltern ihr Kind über alternative Handlungsmöglichkeiten informieren.

Diese Informationen haben eher sachlichen Charakter und sollten nicht als Strafreiz („eigentlich hättest du das ja längst wissen müssen") dem Kind vermittelt werden. Sie haben die Aufgabe, das Kind zu informieren, damit es Einsicht gewinnen kann. Einsicht ist aber nur möglich, wenn das Kind, zumindest in einem überschaubaren Bereich, den Zusammenhang übersehen kann, in dem sein Handeln gesehen werden muss. Dazu gehört insbesondere das Verstehen der Gründe, weshalb sein Verhalten als nicht gewünscht, als „Fehlverhalten" eingestuft wird. Einsicht in den Zusammenhang ist notwendig, soll das Kind lernen, eigenverantwortlich zu handeln.

Der Sinn eines solchen Gespräches liegt darin, dem Kind Hilfestellung bei der Konfliktbewältigung zu geben. Es kann eine Bestrafung unnötig machen oder aber wenigstens die Einsicht in den Zusammenhang zwischen Verhalten und Bestrafung zu gewährleisten versuchen.

Eine zweite Voraussetzung ist ebenso wichtig, damit das Gespräch nicht zu einer zusätzlichen Bestrafung für das Kind wird, sonst wird es in Zukunft mit den Eltern keine Gespräche dieser Art mehr führen wollen. Das Gespräch sollte trotz der Differenzen zwischen Eltern und Kind durch Einfühlungsvermögen in die Situation des Kindes geprägt sein, um das Handeln des Kindes möglichst zu verstehen. Einfühlungsvermögen bedeutet nicht Zustimmung oder Akzeptanz, sondern Wechsel der Perspektive: Die Eltern versuchen, das Problem aus der Perspektive des Kindes zu betrachten. Im günstigen Fall gelingt es dadurch dem Kind, sich auch auf die Perspektive seiner Eltern einzustellen und auch ihr Verhalten zu verstehen. Wenn das Kind zu einem Perspektivwechsel nicht bereit sein sollte, dürfen Eltern sich trotzdem nicht davon abhalten lassen zu versuchen, sich in die Perspektive des Kindes hineinzuversetzen.

Das setzt oft Überwindung und manchmal starke Eltern voraus. Kinder aber wünschen sich starke Eltern, wenn sie das in der aktuellen Situation der Auseinandersetzung mit ihnen auch nicht gern eingestehen werden.

Einige Regeln können helfen, ein Gespräch zu führen, das nicht weitere Barrieren zwischen Eltern und Kind aufbaut und dem Kind trotz aller Differenzen signalisiert, dass es ernst genommen und akzeptiert wird:[19] *Diese Anforderungen sind an die Eltern gerichtet, gelten jedoch für Kinder prinzipiell genauso. Jedoch ist nicht zu erwarten, dass sie, vor allem von kleineren Kindern, immer beachtet werden (können).*

Die Eltern lassen das Kind ausreden – auch, wenn es umgekehrt nicht so gut klappt.

Fragen, die gestellt werden, werden ehrlich und offen beantwortet.

Kind und Eltern dürfen über ihre Gefühle sprechen, dürfen ausdrücken, was sie beschäftigt oder belastet, auch was sie ärgert, ohne dass jede Äußerung sofort „korrigiert" oder „richtig gestellt" wird.

Was sinnvoll und äußerungswert erscheint, bestimmt jeder für sich.

Die Eltern sprechen mit dem Kind und nicht „zum" Kind. Beide sind Subjekte und haben in diesem Gespräch die gleichen Rechte.

Nicht nur Fehlverhalten wird angesprochen. Positive Leistungen oder Verhaltensweisen werden ebenfalls genannt und anerkannt.

Eltern bemühen sich insbesondere, ihre Mimik und Gestik zu kontrollieren. In ihnen drückt sich, und das ist besonders kritisch in einer harten Auseinandersetzung, die Beziehungssituation aus. Der Beziehungsaspekt aber bestimmt den Inhaltsaspekt.

Anerkennung und Kritik dürfen offen ausgesprochen werden. Das wird vom jeweils anderen ohne Korrektur zugelassen.

Jeder bemüht sich, ohne entwürdigende Äußerungen auszukommen.

Jeder bemüht sich, in „Ich-Form" zu sprechen, also „Ich-Botschaften" zu senden und keine „Du-Botschaften".

Das Kind hat Zeit, Antworten auf Fragen zu finden. Wenn es die Situation zulässt, helfen die Eltern dabei.

Niemand schreit den anderen an.

So, wie die Eltern mit ihrem Kind sprechen, kann das Kind auch mit seinen Eltern sprechen.

Lernen durch Tun

Noch 1971 konnte der Pädagoge Hans Netzer schreiben, Erziehung sei „eine ganz ursprüngliche Lebensäußerung des Menschen", ihr „einfacher Sinn" bestehe darin, „erprobte und bewährte Weisen der Lebensbewältigung und auch Lebensdeutung" an die Kinder weiterzugeben (Netzer 1972, 11). Erziehen wurde offenbar durch Erzogen-Werden gelernt. Die große Zahl der Veröffentlichungen, die „Erziehung" zum Gegenstand ihrer Erörterungen macht und die allerorten feststellbare Unsicherheit von Eltern scheint dafür zu sprechen, dass das heute grundlegend anders geworden ist, insbesondere bei Eltern eines sehr lebhaften und willenstarken Kindes. So werden eine Frau zu einer Mutter und ein Mann zu einem Vater fast von heute auf morgen. Alles, was dazu gehört, muss dann erlernt werden. Daher heißt das wichtigste Lernprinzip für Eltern: „Lernen durch Tun".

Wer Erziehung theoretisch zu lernen beabsichtigte, würde sehr schnell bei der Umsetzung seines Wissens an harte Grenzen stoßen, vielleicht als Erzieher scheitern. Aber da ist dann wieder dieses Prinzip „Lernen durch Tun", das ihm hilft, die Kenntnisse praktisch zu erwerben, die notwendig sind, zusammen mit seinem Wissen das Richtige zu tun.

Eltern haben also, trotz ihrer schwierigen Ausgangslage, die Möglichkeit, Erziehen zu lernen. Durch Praxis, mit zunehmender Erfahrung und Wissen, durch Aneignung von Kenntnissen. Dazu möchte dieses Buch einen Beitrag leisten. Dieses Verfahren, „Erziehung" zu lernen, ist nicht einfach, verzehrt Kräfte, verlangt Anstrengungen und Engagement. Da ist aber einmal das Kind, für das sich die Anstrengung lohnt. Zum anderen ist da das gleiche Prinzip, um das es auch in diesem Buch geht: Lernen durch Tun heißt „Lernen durch Folgen". Sie werden aufmerksamen Eltern den Weg zeigen. Kurzfristig ist damit fast immer zugleich ein negativer Nacheffekt verbunden: Mühsal, Anstrengung, oft Entmutigung. Kräfte werden verzehrt und der Erfolg bleibt oft lange ungewiss. Aber dann sind da die langfristigen Folgen, die mit Lernen verbunden sind: der Erfolg.

Selbst Erziehungsfehler, unter denen Eltern sehr stark leiden können, die dennoch beim Erziehen unvermeidlich sind, haben die gleiche Struktur. Zunächst zeigen sie unmittelbar zuweilen recht unangenehme Folgen, können sich jedoch mittelbar in sehr angenehme Folgen verwandeln, wenn die Beziehung zwischen Eltern und Kind sich durch eine sichere, emotional warme Bindung auszeichnet. Eine solche Beziehung, das darf nicht vergessen werden, ist auch zu „schwierigen" Kinder möglich.

Für Eltern besteht also Hoffnung, wenn sie sich die Mühe machen, die entstandenen oder entstehenden Erziehungsprobleme zu meistern.

Wo können sie anfangen?

Da ist zunächst die Beziehung zum Kind, die die Basis für alles andere bedeutet. An dieser Beziehung müssen Eltern arbeiten. Grundzüge sind im Eingangsteil des Buches beschrieben.

Stellen Eltern fest, dass es Schwierigkeiten, „Blockaden" gibt, durch die sie sich gehindert fühlen, eine emotional warme und sichere Bindung aufzubauen, ist es sinnvoll, Hilfe zu suchen. Blockaden können unterschiedlichste Ursachen haben. Regionale Elternberatungsstellen sind zumeist in der Lage, weiter zu helfen. Schwierigkeiten sind nicht „selbst verschuldet". Oft führen sie den Ratsuchenden mit Hilfe des Beraters in die frühe Kindheit zurück. Das hat mit eigener Schuld nichts zu tun. Die Funktion eines Beraters kann u. U. auch eine Person des Vertrauens übernehmen.

Stellen sich innere Widerstände und Vorbehalte heraus, sollte zunächst eine Klärung mit dem Partner versucht werden. Erzieht ein Elternteil allein, bleibt nur der Weg einer Klärung für sich oder mit einer Person seines Vertrauens.

Der nächste Schritt könnte die Auseinandersetzung mit dem Sachverhalt dieses Buches sein.

Leben zwei Elternteile oder Partner mit dem Kind zusammen, ist es notwendig, das Erziehungsverhalten gegenseitig abzustimmen und zu klären, welchen der hier gemachten Ausführungen sie vorbehaltlos zustimmen können und wo in der Akzeptanz Schwierigkeiten bestehen. Die gedankliche und inhaltliche Auseinandersetzung mit dem Sachverhalt kann schon viele Fragen klären. Abstimmung über das Erzieherverhalten ist auch mit den Großeltern und anderen Personen notwendig, die auf die Erziehung Einfluss nehmen.

Es erscheint sinnvoll, den Lernprozess zunächst mit einem beschriebenen Prinzip zu beginnen und damit Erfahrungen zu sammeln. Das könnte z. B. die Konsistenz, die Festigkeit des Elternverhaltens sein. Notwendig ist es, sich zunächst genau zu überlegen, ob einem bestimmten Verhalten des Kindes zugestimmt werden kann oder nicht. Kann nicht zugestimmt werden, setzen die Eltern ihm eine Grenze und versuchen, diese konsequent einzuhalten. Wichtig ist, dabei genau zu beobachten, was geschieht.

Dann sollten die Ergebnisse sowie das weitere Vorgehen mit dem Partner besprochen werden. Man kann sich gemeinsam langsam vorarbeiten und vorsichtig weitermachen. Dadurch ist es möglich, den eigenen Erfahrungsraum zu erweitern. Die Erkenntnis wächst mit den gewonnenen Erfahrungen, so wie die Zuversicht, Schwierigkeiten in der Erziehung zu meistern.

Eltern sollten sich nicht zu sehr vor Rückschlägen fürchten. Diese werden kommen und ihnen bisweilen die Zuversicht rauben. Dann gilt es, wieder neu anzufangen, bis sie ihren Erfolg sehen und den positiven Nacheffekt ihrer Arbeit erfahren können.

Danach gehen sie zu einem nächsten Prinzip. Das könnte z. B. der Verhaltensvertrag sein. Sie probieren aus, wie weit sie gehen wollen. Dabei sollten sie auch für sich selbst und ihr eigenes Verhalten an die Grundsätze denken, dass der als subjektiv erlebte Erfolg Verhalten aufbaut oder festigt, der Misserfolg umgekehrt Verhalten mindert oder unterbindet.

Fehler oder vermeintliches Versagen kann zu schweren Schuldgefühlen führen. Häufig ist das bei Eltern, die berufstätig sind, der Fall. Durch Schuldgefühle kann ein Kreislauf negativer Folgen in Gang gesetzt werden. Verspüren Eltern, meist sind es die Mütter, Schuldgefühle, kann das ein Anlass sein zu prüfen, ob ein offenes Gespräch mit einer Vertrauensperson oder ein Beratungsgespräch sinnvoll ist.

Eltern haben das Recht zu eigenen Fehlern, wenn sie nicht leichtfertig gemacht werden. Kinder sind zu wertvoll, als dass man mit ihnen leichtfertig umgehen könnte. Die sorgfältigste Bemühung kann jedoch Fehler nicht verhindern. Die Erziehungswirklichkeit ist mitunter unendlich komplex und manchmal sind Fehler als solche erst Jahre später zu erkennen. Die Bemühung um die Wiedergutmachung eines Fehlers bietet die Chance, Eltern und Kinder näher zusammenbringen, als es ohne den Fehler möglich gewesen wäre.

Kinder wollen starke Eltern, die in sich selbst ruhen. Zunächst sind es die Konflikte, die zwischen Kindern und ihren starken Eltern ins Auge fallen. Je älter Kinder jedoch werden, umso deutlicher zeigt sich, dass sie vor Eltern, mit denen sie „alles machen" können, wenig Achtung haben. Kinder starker Eltern haben die Chance, starke Kinder zu werden.

Starke Eltern achten die Grenzen ihrer Kinder. Sie achten aber ebenfalls ihre eigenen Grenzen. Sie nutzen ihren Raum innerhalb ihrer Grenzen positiv. Auch in und durch diese Grenzen können Kinder Sicherheit erfahren. Sie lernen, die Grenzen anderer, hier am Beispiel ihrer Eltern, zu akzeptieren. Dieser Prozess ist ein wichtiger Lernprozess für sie. In der Weise, wie Eltern mit ihren eigenen Grenzen umgehen, lernen ihre Kinder ebenfalls den Umgang mit ihren Grenzen.

Mit zunehmender Bemühung werden sie mehr und mehr Sicherheit gewinnen. Diese Sicherheit wird sich positiv auf das Erziehungsverhalten auswirken und damit auch auf das Verhältnis zu ihrem Kind.

Eltern benötigen Halt und Hilfe. Sie schaffen sich Ruheräume und tragen die Erziehung ihrer Kinder gemeinsam. Ist das nicht möglich, ist der Ruheraum für den Elternteil, der die Hauptlast der Erziehung trägt, umso wichtiger. Das Kind lernt, den Ruheraum der Mutter oder des Vaters zu akzeptieren, wenn diese ihn konsequent wahrnehmen, dem Kind in dieser Zeit keine Zugeständnisse machen und keinen Zugriff auf ihre Person dulden. Anfangs wird das schwer sein. Ein Kind wird jedoch Ruhe geben, wenn es endgültig keinen Erfolg mit seinen Bemühungen sieht, auf die Eltern zuzugreifen. Es kann notwendig sein, sich professionelle Hilfe und Unterstützung zu suchen, wenn solche Ruheräume nicht zur Verfügung stehen oder nicht ausreichend sind, um die notwendige Kraft für weitere Anstrengungen zu finden. Ansprechpartner sind als nächste die örtlichen kommunalen oder kirchlichen Eltern- und Familienberatungsstellen. Können sie nicht selbst helfen, findet sich über diese weitere notwendige Hilfe.

Eltern sind mit einem stark verhaltensauffälligen Kind, so wie es am Beispiel des kleinen Jacob zu sehen ist, zumeist überfordert. Ihnen fehlen die Erfahrung, das Wissen und die Hilfsmittel, die Jacob aus seinem emotionalen Gefängnis befreien könnten. Hinzu kommt, dass die Eltern eines solchen Kindes emotional nicht mehr frei sind. Jacob repräsentiert für sie in seinem Verhalten und als Person unangenehme Erfahrungen, die sich in ihrem Empfinden fest mit seiner Person verankert haben (Seite 106f). Damit fällt es diesen Bezugspersonen sehr schwer, das Kind so anzunehmen, wie es ist und ihm soviel Verständnis, Wärme, Wertschätzung und Echtheit, aber gleichzeitig auch Distanz entgegenzubringen, wie es benötigen würde, um den Weg zurück aus seiner emotionalen Enge zu finden. Dazu fehlt durchweg zusätzlich die Objektivität, die erforderlich ist, notwendige Maßnahmen zu entwickeln und durchzuführen. Zu schnell befinden sich die Eltern bei einer erneuten Auseinandersetzung mit dem Kind wieder in alten Rollen und Verhaltensmustern, die ihm bisher nicht helfen konnten.

Emotionale Wärme und Konsequenz sind die Schlüssel zum langfristigen Erfolg in der Erziehung. Er wird eintreffen, wenn Eltern bereit sind, nicht nur das Verhalten des Kindes zu verändern, sondern sich selbst und ihr eigenes Verhalten als den Schlüssel zu begreifen, mit dessen Hilfe das Schloss, das Verhalten des Kindes, zum Positiven geöffnet werden kann.

Anmerkungen

1 Der Begriff „Strafe“ fehlt in manchen Veröffentlichungen, so auch im Sachwortverzeichnis des Büchleins von Büchin-Wilhelm, I. und Jaszus, R.: „Fachbegriffe für Erzieherinnen und Erzieher“, Stuttgart 2. Aufl. 2003, wird aber im Text des Büchleins durchaus ein paar Mal benutzt.

2 Es kann in diesem Rahmen nicht näher darauf eingegangen werden, was inhaltlich als „richtiges“ und „falsches“, „gewünschtes“ und „ungewünschtes“ Verhalten oder „Fehlverhalten“ anzusehen ist. Diese Diskussion wird an vielen Orten geführt. Hier werden die Begriffe rein formal gebraucht: Eltern haben nach reiflicher Überlegung und in aller Verantwortung abgewogen, dass ein bestimmtes Verhalten des Kindes nicht geduldet werden und von anderem, zu duldendem oder zu wünschendem Verhalten abgelöst werden muss.

3 Auf alle diese Einflüsse einzugehen, über die spezielle Literatur kompetentere Aussagen machen kann (Eliot 2002; Spitzer 2002, bes. 202 ff; Hüther/Bonney 2002; Bauer 2002; u.a.), ist leider in diesem Rahmen nicht möglich.

4 Wenn im Folgenden von der Bindung zwischen „Mutter“ und Kind gesprochen wird, ist damit grundsätzlich auch die Bindung zu anderen Bezugspersonen, also zwischen Vater und Kind angesprochen. In der Zeit nach der Geburt wird aber wohl die Mutter in allererster Linie die „Dauerpflegeperson“ oder „erste“ und „kontinuierliche“, „primäre“ Bezugsperson sein. Fehlt die Mutter, tritt nach dem Verständnis dieses Textes an ihre Stelle eine andere Dauerpflege- bzw. Bezugsperson.

5 Für weitere Informationen über Bindungsformen sei der interessierte Leser auf einschlägige Literatur verwiesen. Dazu gehören neben den bereits zitierten Werken von Eliot, Hüther-Bonney, Eggers, auch Rabenschlag 2000, bes. S. 126 ff.

6 Vgl. zum Folgenden: Kelber 1965, 1 ff.

7 Einer der ersten Autoren, die den Gedanken des Lernens durch Folgen aufgriff und einer breiten Leserschaft zugänglich machte, war

Rudolf Dreikurs. Vgl. Dreikurs, R. und Grey, L.: Kinder lernen aus den Folgen. Wie man sich Schimpfen und Strafen sparen kann. Verlag Herder 1973. Das Buch ist später in vielen Auflagen erschienen. Die folgenden Ausführungen haben allerdings nur den Grundgedanken mit Dreikurs gemeinsam.

8 Der Begriff „primäres Bedürfnis" (primary need) oder auch „Trieb" wird hier als Verhaltenssteuerung auf der Basis genetischer Ausstattung gebraucht, während der Begriff „Motiv" oder „sekundäres Bedürfnis" (secondary need) im weiteren Sinne persönliche, intellektuelle, soziale und kulturelle Bedürfnisse, Wünsche und Interessen umfasst. Vgl. dazu Fröhlich 2000, 88 f.

9 Die Ausdrücke „lustbetont" und „unlustbetont" sind hier im weitesten Sinne des „angenehm", „unangenehm", des sich „wünschen" und „nicht wünschen" aufzufassen und beinhalten die ganze Skala individueller, körperlicher, seelischer und kognitiver Bedürfnisse eines Individuums, auch wenn diese vielleicht für ein anderes Individuum nicht sogleich als Bedürfnisse nachvollziehbar sind.

10 Es wird hier vorausgesetzt, dass Eltern unterscheiden, warum ihr Kind schreit und, wenn das Kind z. B. krank ist oder Schmerzen hat, entsprechend unterschiedlich reagieren. Auch das Kind lernt, solche Situationen zu unterscheiden.

11 Hier soll eine Bemerkung eingeschoben werden, um Missverständnisse zu vermeiden: Es geht nicht darum, ein Kind mit Härte und Unverständnis zu behandeln. Selbst wenn es aus unterschiedlichsten Gründen gerechtfertigt ist, das Kind z. B. zu sich ins Bett der Eltern zu holen, bestimmt die negative oder positive Folge eines Verhaltens den Lerneffekt für das Kind. Im Krankheitsfalle muss ein Kind fürsorglich umhegt und versorgt werden, mit aller Liebe und Wärme. Aber selbst in einem solchen Fall entstehen aus den Folgen positive oder negative Lerneffekte. Eltern von Kindern, die längere Zeit krank waren, kennen den so genannten „sekundären Krankheitsgewinn", das ist ein gewisser „Verwöhnungseffekt", der durch die liebevolle Versorgung und manchmal auch die Verwöhnung im Krankheitsfalle entsteht. Den meisten Eltern gelingt es, das Kind wieder an „normale Verhältnisse" zu gewöhnen, wenn die Krankheit vorüber ist. Mitunter ist das aber sehr schwer. Es geht hier um das Aufzeigen von Zusammenhängen, die durch die Folgen einer Handlungsweise entstanden sind. Eltern sollten diese Zusammenhänge kennen und erkennen. Ob sie sie dann bewusst in Kauf nehmen oder aber lieber einen anderen Weg einschlagen, um bestimmte Folgen zu

verhindern, ist in das verantwortliche Handeln der Eltern selbst gelegt.

12 Das hier wiedergegebene Zitat ist dem Sammelband von Doris Brinkmann (Hrg.): Pädagogische Texte I – Interaktion und Lernen, Stuttgart 1981, S. 304 f, entnommen, der wiederum in der pädagogischen Literatur für den Gebrauch an Schulen in den Folgejahren eine bedeutende Rolle spielte.

13 Vgl. die Beispiele bei Geißler, ebda., S. 146 f.

14 Am 2.11.2000 wurde in der BRD das „Gesetz zur Ächtung der Gewalt in der Erziehung und zur Änderung des Kindesunterhaltsrechts“ (BGBl I, S. 1479) verabschiedet. Der durch dieses Gesetz geänderte § 1631 Abs. 2 BGB trat am 8. Nov. 2000 in Kraft und erhielt folgende Fassung: „Kinder haben ein Recht auf gewaltfreie Erziehung. Körperliche Bestrafungen, seelische Verletzungen und andere entwürdigende Maßnahmen sind unzulässig.“ Der Fall Manuel bezieht sich auf die Schweiz. Alle anderen in dieser Veröffentlichung geschilderten Fälle mit Körperstrafen ereigneten sich einige Jahre zuvor.

15 Da es sich hier aber um eine Körperstrafe handelt, ist dieses Beispiel nach der neuen Rechtslage nur noch rein theoretisch als Beispiel zu betrachten.

16 Ingratiation ist „einschmeichelndes“ Verhalten, es dient häufig der Angstabwehr gegenüber dem Stärkeren und kann auch als Versuch der Vermeidung von Strafreizen dienen, sofern es erfolgreich eingebracht werden kann.

17 Vgl. zum Folgenden Haug-Schnabel, Gabriele: Aggressionen im Kindergarten. Besonders S. 147 ff.

18 Vgl. zum Folgenden das lesenswerte Buch von Joachim Bauer: Das Gedächtnis des Körpers. Frankfurt am Main 2002. Dort die Ausführungen zu den biologischen Folgen biografischer Erfahrungen, Seite 54 ff.

19 Diese Regeln sind formuliert in Anlehnung an Verlinden / Haucke 1990, S. 47 ff.

Literatur

Azrin, N. H. und Holz, W. C.: Bestrafung. In: Reinecker, Hans (Hrg.): Bestrafung. Salzburg 1980, S. 59–137.

Bastian; J.: „Strafe muß sein"? Einführende Gedanken zum Strafproblem in der Erziehung. In: „Strafe muß sein"? Das Strafproblem zwischen Tabu und Wirklichkeit. Hrg. von Johannes Bastian. Weinheim, Basel 1995. (Beltz grüne Reihe) S. 7–28.

Bauer, J.: Das Gedächtnis des Körpers. Wie Beziehungen und Lebensstile unsere Gene steuern. Frankfurt am Main 2002.

Büchin-Wilhelm, I. und Jaszus, R.: Fachbegriffe für Erzieherinnen und Erzieher. Stuttgart, 2. Auflage 2003.

Bussmann, K.-D. und Horn, W.: Elternstrafen – Lehrerstrafen. Eine Untersuchung zur Strafpraxis in Schule und Familie. In: Bastian (Hrg.) 1995, S. 29–41.

Dreikurs, R. und Cassel, P.: Disziplin ohne Strafe. EGS-Texte, Hrg. W. H. Peterßen. München 1984.

Dreikurs, R. und Grey, L.: Kinder lernen aus den Folgen. Wie man sich Schimpfen und Strafen ersparen kann. Herderbücherei 612; Freiburg-Basel-Wien 1973.

Eggers, Ch.: Beziehungsfähigkeit als Voraussetzung für Friedensfähigkeit von Kindern und Jugendlichen. In: Gebauer, K. und Hüther, G.: Kinder brauchen Wurzeln. Neue Perspektiven für eine gelingende Entwicklung. Düsseldorf und Zürich, 2. Auflage 2002, S. 107–123.

Eliot, L.: Was geht da drinnen vor? Die Gehirnentwicklung in den ersten fünf Lebensjahren. Berlin, 3. Auflage 2002.

Fröhlich, W. D.: Stichwort „Bedürfnis" in ders.: Wörterbuch der Psychologie. München, 23. Aufl. 2000. dtv 32514, S. 88 f.

Geißler, E. E.: Erziehungsmittel. Bad Heilbrunn, 5. Auflage 1975.

Gordon, T.: Die Neue Familienkonferenz. Kinder erziehen ohne zu strafen. Hamburg 1994. Heyne Sachbuch Nr. 19/325.

Haug-Schnabel, G.: Aggressionen im Kindergarten. Freiburg-Basel-Wien, 2. Auflage 2001. Praxisbuch Kita.

Hüther, G. und Bonney, H.: Neues vom Zappelphilipp. ADS/ADHS verstehen, vorbeugen und behandeln. Düsseldorf und Zürich 2002.

Jalka, S: Konstruktiv streiten: das Einmaleins der Konfliktintelligenz. Frankfurt 2001.

Kelber, M.: Einführung zum 1. Kapitel: Was verstehen wir unter Gruppenpädagogik? In: Neue Auswahl aus den Schwalbacher Blättern. Beiträge zur Gruppenpädagogik. Wiesbaden 1965, S. 1–13.

Miller, R.: „Wie hältst du's mit der Strafe?" Gespräche über ein Thema zwischen Tabu und Schulalltag. In: Bastian (Hrg.) 1995, S. 42–47.

Neill, A. S.: Belohnung und Strafe. In: Theorie und Praxis der antiautoritären Erziehung. Das Beispiel Summerhill. Reinbeck bei Hamburg 1969. Hier zitiert nach: Brinkmann, D. (Hrg.): Pädagogische Texte I – Interaktion und Lernen, Stuttgart 1981, S. 304 f.

Netzer, H.: Erziehungslehre. Bad Heilbrunn, 10. Auflage 1972.

Rabenschlag, U.: Wenn Kinder nicht mehr froh sein können. Depressionen bei Kindern erkennen und helfen. Freiburg-Basel-Wien 2000. Herder Spektrum 5516.

Reinecker, H. (Hrg.): Bestrafung. Experimente und Theorien. Ein Reader. Salzburg 1980.

Spitzer, M.: Lernen. Gehirnforschung und die Schule des Lebens. Heidelberg/Berlin 2002.

Tophoven, K.: Pädagogische Sanktionen. Über Strafe, Alternativen zur Strafe und die qualitätssichernde Leistung der Pädagogik für die soziale Arbeit. In: Neue Sammlung, 40. Jg. 2000, H. 1, S. 3–22.

Uhl, S.: Die Mittel der Moralerziehung und ihre Wirksamkeit. Bad Heilbrunn 1996.

Uhl, S.: Die Strafe aus der Sicht der Empirischen Erziehungswissenschaft. In: Pädagogische Rundschau 51, S. 661–675, 1997.

Verlinden, M. und Haucke, K.: Einander annehmen: soziale Beziehungen im Kindergarten. Ziele und Anregungen für Erzieher. Köln, 2. Auflage 1990 (Schriften- und Medienreihe des Sozialpädagogischen Instituts für Kleinkind- und außerschulische Erziehung des Landes Nordrhein-Westfalen, Köln Nr. 3).

Walter, U.: Mein wildes, liebes Teufelchen. Hinweise für den Umgang mit hyperaktiven Kindern. Berlin, 3. bearbeitete Aufl. 1997.

Weyermann, U.: Geliebtes Nervenbündel. Leben mit einem hyperaktiven Kind. Zürich 2001.